ADDITION

A LA NAVIGATION EN GÉNÉRAL,

OU

NOUVEAU SYSTÈME DE NAVIGATION
TANT MARITIME QU'INTÉRIEURE.

BREVET D'INVENTION.

ADDITION
A LA NAVIGATION EN GÉNÉRAL,

OU

NOUVEAU SYSTÈME DE NAVIGATION
TANT MARITIME QU'INTÉRIEURE,

Par Salichon, de Lyon.

PARIS,

Imprimerie de Dondey-Dupré.

1816.

ADDITION

A LA NAVIGATION EN GÉNÉRAL,

O U

NOUVEAU SYSTÈME DE NAVIGATION

TANT MARITIME QU'INTÉRIEURE.

MÉMOIRE DESCRIPTIF.

LE système nouveau de navigation comprend huit choses, entr'autres ;

1°. Un nouvel instrument, trouve le plus ferme comme le plus vaste appui dans l'eau.

Sur les rivières, il est applicable aux petit et grand bateau, et sur la mer, au vaisseau de haut bord comme à la simple chaloupe.

3°. Appliqué, soit à un navire, soit à un bateau, il occupe une place bien différente de celle assignée nécessairement à la rame ordinaire, à l'aviron vertical, aux roues à rames, etc. et évite ainsi tout le courant latéral.

4°. Détaché du corps du bâtiment qu'il fait mouvoir, il a, sur les rames adhérentes, le triple avantage de fournir la carrière la plus longue, de la parcourir en ligne constamment droite et horisontale, et de frapper ou refouler le fluide perpendiculairement à une surface plane qu'il ne cesse jamais de lui opposer.

5°. Son action est continue.

6°. Tous les moteurs lui sont propres ; mais surtout la machine à vapeur semble avoir été créée exprès pour lui, et être son complément en navigation.

7°. Tout bâtiment qui l'admet, est, au besoin, fermé hermétiquement, d'où une grande sécurité dans la navigation.

8°. Enfin, un navire construit exprès, et clos hermétiquement, pourrait, avec son aide, parcourir de modiques comme de grandes distances au-dessous de la surface de l'eau, en s'enfonçant, par exemple, de 10, ou 50, ou 100 pieds, et même davantage, si jamais un pareil expédient trouvait une application raisonnable, etc. etc.

Le nouvel instrument, que l'on va décrire, doit avoir un nom propre ; il devrait s'appeler *nageoire courante et à grande portée* ; il se nommera plus brièvement *nageoire*.

NAGEOIRE.

AB (*fig.* 1) est un cylindre ou tambour que l'on supposera, pour un instant seulement, mu par une simple manivelle M.

*e*CD*e'* est une corde qui passe sur les gorges de deux poulies C et D : ses deux extrémités se présentent au tambour , ou toutes deux par dessus , ou toutes deux par dessous , mais de côtés opposés, et là , après avoir formé quelques cercles en se dirigeant vers le milieu, elles y sont fixées par une même cheville. Dans la figure, elles se présentent par dessus.

SJ est la nageoire : elle s'ouvre et se ferme au moyen d'une charnière qui règne tout le long de son diamètre SJ (*fig.* 2 *et* 3) : ouverte , elle déploie toute sa surface circulaire (*fig.* 2) : fermée et vue par côté , elle prend la forme de la figure 3 : enfin , fermée encore et vue de profil , elle a celle de la figure 4.

La figure 5 représente un petit arbre ayant quelque rapport avec le manche d'un parapluie ; il se nommera *arbre-manche*. Près de son extrémité K , il est fixé au centre de la nageoire (*fig.* 1 , 2 *et* 3). A son autre extrémité F , aboutissent et sont attachés de forts cordeaux (*fig.* 1) qui , en nombre suffisant , sont partis de plusieurs points marqués dans la figure 2 : leur office est de contenir l'arbre-manche dans une position telle que tout son corps soit également distant de tous les points de la circonférence , et de contenir aussi dans le même plan toutes les parties de la nageoire qui , formée de deux planches mi-circulaires de métal , cuivre ou fer , n'a guère que 1, 2, 4 ou 6 lignes d'épaisseur.

Cet arbre-manche a encore , à chaque extrémité F et K (*fig.* 5) , un anneau où s'attache (*fig.* 1) chacun des bouts de la grande corde *e*CD*e'* qui se trouve rompue en cet endroit. L'on doit observer que cette espèce de manche en métal a très-peu d'épaisseur , 4 lignes par exemple , mais qu'il peut avoir telle largeur et telle forme que l'on voudra (1).

(*Fig.* 1). Si l'on porte la main sur la manivelle M , et que l'on fasse faire quatre tours à droite au cylindre AB , la corde se déroule du côté B , et s'enroule du côté A. En même tems la nageoire SJ est portée vers le point D , reste ouverte (par la résistance de l'eau où elle doit être plongée), et conserve la forme de la figure 2 dans tout son chemin de C en D.

Ensuite si l'on fait faire à la même manivelle quatre tours à gauche , la nageoire revient de D en C ; elle est fermée (*fig.* 3) , et ne présente à l'eau que son profil (*fig.* 4). C'est ainsi que l'on continue le mouvement en tournant alternativement la manivelle dans les deux sens.

Cette ample et nouvelle rame , on la suppose avoir six pieds de rayon et adaptée à un grand bâtiment, parcourra une ligne horisontale de 150 à 200 pieds de C en D, et opposera sa surface verticale et plane de 113 pieds carrés , à la base d'égale surface qu'offre la colonne d'eau heurtée ; tandis que dans son retour de D en C , elle ne présentera guère , étant exactement fermée , que 12 pouces carrés qui , en raison de son dos tranchant ou très-aigu , (comme le dos *s*K*i*, *fig.* 7) , se réduisent à $\frac{1}{10}$, autrement à $1\frac{1}{4}$ pouce carré ; ce qui doit être compté, sinon pour rien , du moins pour infiniment peu de chose. Ce n'est que le $\frac{1}{1100}$ de la surface déployée.

Mais cette immense rame , dans tout son retour , ne fait rien pour l'acheminement du

---

(1) C'est ainsi que l'arbre-manche pourrait prendre la forme triangulaire que lui donne la figure 6, dans laquelle on distingue, outre les deux anneaux F et K, de plus petits anneaux *x*, *x*, *x*, etc. en forme de cylindres creux, qui viennent faire partie de la charnière *si*, enfilés par la même baguette. Et c'est encore ainsi qu'il aurait la forme de la figure 7 où il se montre divisé en trois branches, et où les petits anneaux *x x*, etc. sont placés différemment, tandis qu'une partie saillante *s k i* exprime un tranchant très-aigu qui sert de prolongement utile au dos de la nageoire fermée.

navire ; et s'il était vrai qu'elle prît autant de tems pour revenir en C, qu'elle en a mis pour être portée en D, elle ne se trouverait employée que la moitié du tems, défaut énorme qu'elle partagerait avec la rame ordinaire, s'il ne se fût présenté un moyen naturel qui l'en affranchit tout-à-fait.

L'on a donc adopté deux nageoires parcourant, chacune, la moitié de la longueur du vaisseau.

Ainsi (*fig.* 8) DH et HC expriment deux lignes qui, en somme, égalent la longueur d'un bâtiment quelconque. SJ est la nageoire connue, et S'J' celle ajoutée.

Deux cordes distinctes $eCHe'''$ et $e'DHe''$ s'enroulant sur le même tambour AB, font mouvoir ces deux nageoires à la fois.

La disposition des cordes est telle, que leurs extrémités He''' et He'' se présentent vers le milieu du cylindre AB pour s'y enrouler de côtés opposés, en même tems que leurs autres extrémités Ce et De' se sont enroulées sur ses bords et aussi de côtés différens.

Au milieu H se trouvent deux poulies très rapprochées l'une de l'autre, et placées sur la même ligne ; elles se meuvent en sens contraires : sur chacune d'elles passe une corde.

Dans cet état de choses, si l'on tourne la manivelle M à droite, les deux nageoires sont appelées au milieu H. La première SJ parcourt le chemin CH ouverte ou armée, et la deuxième S'J' franchit l'espace DH, restant fermée ou désarmée.

Et si incontinent on tourne la manivelle à gauche, la seconde nageoire, déployée à son tour, se reporte en D, achevant ainsi la carrière qui aurait dû être fournie en son entier par la première ; tandis que celle-ci, entièrement fermée, revient en C pour s'armer de nouveau, et ainsi de suite.

Il est aisé de se convaincre que, dans la continuité de ce *va et vient* (dans l'eau), l'une des nageoires est de nécessité constamment armée, et qu'ainsi le bâtiment se trouve impulsé sans interruption du moins sensible.

NAGEOIRE ADAPTÉE AU BATIMENT.

Il ne serait point difficile de donner à l'appareil que demande la méthode nouvelle, et qui vient d'être décrit, la place même qu'occupent dans un bâtiment les rames ordinaires ; mais outre que, placé de la sorte, il deviendrait très-embarrassant, fort ridicule, et de plus sujet à des accidens de toute nature, c'est qu'encore il ferait revivre dans la nageoire l'un des plus graves défauts liés au sort de la rame. Ici l'on a besoin de signaler cette défectuosité trop ruineuse et trop ancienne.

1°. L'eau, sans changer de place, a un mouvement inverse respectivement au navire qui fait du chemin ; ce mouvement, quoiqu'il n'en soit que l'image, est ce que l'on va nommer *courant respectif*.

2°. Le même navire heurte dans sa marche et déplace une colonne d'eau dont les dimensions sont celles mêmes de tout l'espace qu'il envahit successivement, et qui se divisant en deux parties égales, accourt en toute hâte derrière la poupe pour y combler un gouffre ouvert continuellement, ou mieux pour remplacer l'eau ambiante qui déjà s'y est précipitée : ainsi s'établit des deux côtés un courant véloce et assidu qui croît et s'élargit dans le rapport de la vîtesse imprimée au bâtiment : tel est le *courant réel*, et c'est aussi le nom qu'on lui conservera.

L'on sait que la rame ordinaire prend son appui dans ce double courant, surtout quand le navire a une certaine vîtesse; il n'importe donc pas peu de placer ailleurs le nouvel instrument.

Un vaisseau ne saurait marcher sans changer de lieu; ainsi le courant respectif se rencontre nécessairement partout; mais le courant réel, par cela qu'il est local, peut être évité tout-à-fait.

La raison et ensuite l'expérience ont dit que ce dernier n'existait point dans cette couche d'eau qui se trouve immédiatement au-dessous de la carène, et que même s'il était permis de soupçonner un petit courant autre que celui qui vient d'être désigné sous le nom de *respectif*, il aurait une direction fort heureusement toute opposée, et absolument dans le sens de la marche du navire. L'on n'a donc pas hésité à placer la grande nageoire au-dessous du vaisseau même, prenant ainsi pour garante la nature qui a assigné la même place aux nageoires des poissons; et c'est là en effet que la rame nouvelle trouve un vaste champ pour se déployer, et des appuis incomparablement plus fermes, et par l'absence du courant réel, et parce que, pris à une grande profondeur, ils ressemblent peu à ceux qui sont plutôt cherchés que saisis par toutes les rames connues, à la superficie de l'eau, superficie de trop foible résistance, ou trop aisément soulevée.

La figure 9 représente la plus grande coupe verticale de la carène d'un vaisseau quelconque. Le parallélogramme PRDC comprend cette partie du nouveau mécanisme déjà connue; car il est à observer que ce n'est que par l'addition des deux poulies de renvoi P et R, employées à soulever les deux cordes, que toute la figure 8, presque triangulaire, devient ici comme quadrangulaire.

Les deux nageoires SJ et S'J' ont déjà parcouru le quart du chemin pour se rendre toutes deux au milieu H.

La carène est percée de trois trous; savoir : v^1 à l'arrière, v^3 à l'avant, et v^2 au milieu. Le plan du restangle PDRC, situé verticalement au milieu de la largeur du navire, s'étend de la poupe à la proue, et traverse ainsi le plan horisontal de la carène en toute sa longueur, pour laisser voir, à quelques pieds au-dessous, sa base DC.

A ces trois trous sont adaptés par des écrous et fortement lutés, trois grands tuyaux ou longs cylindres T^1, T^2 et T^3 construits en métal ou en douves très épaisses et convenablement cerclées, lesquels ouverts par le haut comme par le bas, laissent monter l'eau jusqu'à son niveau naturel, et donnent passage aux cordes qui communiquent ainsi librement de l'extérieur à l'intérieur du vaisseau, et par conséquent des deux nageoires au tambour AB.

Ces grands tuyaux T^1, T^2 et T^3, évasés par le haut, élevés de quelques pieds au-dessus du niveau de l'eau, et ayant un diamètre convenable, reçoivent trois barres ou tiges de fer Q^1D, Q^2H et Q^3C, destinées à porter les poulies au-dessous du bâtiment, et là les tenir plongées à une profondeur égale au rayon de la nageoire.

Il est évident par la seule inspection de la figure 9, que quel que soit le mouvement imprimé à la grande roue AB, il est transmis aux deux nageoires qui, alternativement ouvertes et prenant de vastes appuis dans l'eau, le communiquent continuellement au navire.

C'est là le mécanisme tout brut, et qui, même dans cet état d'imperfection, pourrait avoir quelque foible emploi, mais plutôt sur la mer que sur les rivières.

Avant de faire connaître les changemens et surtout les suppressions utiles au moyen desquels on est parvenu à rendre la machine, pour ainsi dire, toute différente d'elle-même, et la conduire à cet état heureux de simplicité qui paraît laisser peu à désirer, il est à propos de parler des moteurs qui lui sont applicables.

MOTEURS PROPRES A LA NAGEOIRE.

Tous les agens moteurs qui appartiennent à la mécanique en général, ainsi que les machines intermédiaires qui, recevant un mouvement quelconque, donnent le rectiligne alternatif, pourvu que leur nature comporte qu'ils soient placés sur un navire ou bateau, et que d'ailleurs ils remplissent les objets que l'on pourrait se proposer, comme la plus grande promptitude du sillage, le transport des masses les plus lourdes, etc. et cela le plus souvent avec la plus grande commodité, la plus entière sécurité et la moindre dépense, sont applicables au jeu des nageoires. Il suffit à la méthode nouvelle de leur livrer les bouts des cordes à la sortie des tuyaux dont il a été question.

Le grand cylindre AB (*fig.* 9) n'a été adopté que parce qu'il présente en lui, mais plutôt dans la forme qu'il pourra prendre que dans celle qu'il a actuellement, la machine la plus simple et la plus apte à donner la mesure du *va et vient*, et le degré de vîtesse que des combinaisons ou des circonstances différentes ne manqueront pas de rendre nécessaires, et surtout parce que, dans sa rotation aisément alternative, il se montre très propre aux deux espèces de moteurs qu'entr'autres on se propose d'employer.

Ces deux moteurs sont la machine à vapeur, et la force des bras de rameurs d'une espèce nouvelle.

Et d'abord la machine à feu est si naturellement applicable au système nouveau, qu'il semblerait, comme il a été dit, que celui-ci eût été créé exprès pour elle, et fût son complément en navigation.

L'on divise le tambour (*fig.* 10) en deux parties égales A et B, qui, suivant les cas, ont un diamètre plus ou moins grand. Ici on va le supposer de 6 pieds.

Au milieu de ces deux parties, l'on adapte ensuite un rouet denté *rr'* (ou lanterne), fixé sur l'axe même du tambour, et auquel on donne le diamètre, encore arbitraire, de 6 pouces.

Enfin une crémaillère LL', qui obéit au mouvement rectiligne alternatif du piston d'une machine à vapeur à double effet, et qui même n'est autre chose que le prolongement de ce piston, est placée sous le rouet *rr'*, et engrène avec lui.

Dans cet état, si le piston a $3\frac{1}{7}$ pieds de course, chacun de ses coups fera parcourir aux deux nageoires 40 pieds dans un sens, et autant dans l'autre; en tout 80 pieds, le bâtiment étant censé n'avoir qu'une pareille longueur.

C'est ainsi que les deux nouvelles rames, en raison et du grand espace parcouru avec célérité, et de leurs vastes surfaces, ne peuvent qu'impulser puissamment le navire dans tous les instans.

Ce simple exemple de l'application d'un moteur à feu au système proposé, peut rendre superflus tous les autres.

Il suffira d'ajouter qu'afin de diminuer les frottemens, toujours trop considérables lorsqu'on est forcé de recourir aux engrenages, l'on pourra substituer à la crémaillère

à dents, une crémaillère d'un autre genre, savoir, une chaîne d'une longueur déterminée, ayant ses bouts fixés aux extrémités mêmes d'une simple et très-forte barre de
fer avec laquelle elle formera une sorte d'archet. Cette chaîne ensuite, à l'imitation de la
corde qui couvre le grand tambour AB (*fig.* 1), et qui vers le milieu de sa partie qui
forme les cercles, y est arrêtée et fixée par une forte cheville de fer, s'enroulera et se
déroulera successivement sur le rouet *rr'* qui cessera pour lors de porter des dents.

La faculté, que l'on se ménagerait ensuite, de changer le rouet *rr'* à volonté, en le
remplaçant par d'autres qui auraient graduellement des diamètres 2, 3 ou 4 fois plus
grands, comme encore 2, 3 ou 4 fois plus petits, fournirait celle d'imprimer aux
nageoires une vîtesse tantôt décroissante et tantôt croissante dans des rapports aisément
calculés, ce qui donnerait un bon nombre de degrés de vîtesse différens, ou tous les degrés que mille cas divers viendraient requérir comme avantageux ou nécessaires, sans que
l'on fût tenu de toucher au diamètre du double tambour (*fig.* 10).

La machine à vapeur sera donc assez souvent le puissant auxiliaire du procédé nouveau,
tantôt sur les rivières, pour y rendre faciles, prompts et moins coûteux, les transports des
marchandises, des matières brutes, des denrées et des voyageurs, les parcourant quelquefois de leur embouchure à leur source, et de leur source à leur embouchure ; tantôt
sur les mers, en y faisant faire le service de toute l'étendue des côtes avec la plus grande
activité, ainsi que les traversées d'un port à un autre port opposé, avec rapidité et sécurité ;
l'on dit avec sécurité, car il est à observer que le navire, comme la barque, peut
être, au besoin, fermé hermétiquement ; en un mot, en s'y portant aussi loin que le
permettrait la quantité du combustible dont on se serait pourvu.

Ainsi la machine à feu qui laisse si peu à désirer quant à sa puissance, et qui, parce
qu'elle n'a jamais cessé d'offrir en elle un moteur économique, et d'être la propriété
commune, s'est perfectionnée tous les jours et a trouvé des applications si multipliées sur
la terre depuis un siècle et demi, et même quelques applications sur l'eau depuis un siècle,
va encore en trouver de nouvelles sur ce dernier élément à la faveur du présent système,
lesquelles deviendraient d'autant plus utiles, grandes et nombreuses, que ce dernier serait
estimé l'emporter sur les systèmes connus jusqu'à présent. Néanmoins son emploi, dans
le cas dont il s'agit, et l'on est forcé de l'avouer, ne laisse pas que de présenter certains
inconvéniens et même des obstacles réels. Au nombre des inconvéniens, l'on placera rapidement, 1°. le volume de tout l'appareil, l'embarras et le poids des matières, métal,
houille, eau, etc., que comporte une pareille machine ; 2°. son acquisition coûteuse et
ses réparations fréquentes ; 3°. quelquefois le prix local du combustible, etc. Parmi les
obstacles, l'on ne citera que la trop grande quantité du combustible que demanderaient
des navires destinés à de longues routes, et dont le poids l'emporterait de beaucoup sur le
port même du véhicule.

Son emploi ne saurait donc être général, et il sera évidemment rejeté et par les petits
bateaux sur les rivières, et par ceux de pêcheurs en mer qui ne veulent qu'un, deux ou
quatre, etc. rameurs, et par les chaloupes qui n'en exigent que huit, douze, seize, etc. ;
et par les navires corsaires qui doivent être mus par un agent autre que celui qui serait
susceptible d'être dérangé ou anéanti par un boulet, et par tous les bâtimens déjà cités,
faisant des voyages de longue haleine, et par les vaisseaux de guerre de tous rangs, où la
force motrice que fourniraient à propos les bras des hommes composant leur équipage

ordinaire, rendrait tout autre moteur superflu, et enfin par une infinité d'autres embarcations usitées aujourd'hui.

Il faudra donc recourir à la force animale de l'homme, recours qui ne sera point illusoire, puisque l'expérience a déjà prononcé que la force de 8 rameurs donnant le mouvement à des chaloupes et bateaux par la nouvelle rame, équivalait *au moins* à celle de 48 courbés sur les meilleures rames connues.

Ce n'est pas qu'un homme maniant la nouvelle rame, devienne capable d'un effort supérieur à celui de tout autre rameur; mais c'est que la rame vulgaire est un instrument si défectueux, qu'il est *extrémement loin* de transmettre à toute embarcation mue par lui, le sixième de l'action qu'il reçoit. Aussi la valeur, si cette expression est permise, de la méthode nouvelle, est simplement relative, comme elle deviendrait presque nulle si la rame ancienne fonctionnant comme un levier ordinaire, fournissait tout ce que semble promettre sa trompeuse et belle simplicité. Ce qui n'est ici qu'avancé sera ensuite prouvé jusqu'à l'évidence dans le mémoire que l'on fournit à l'appui.

Toutefois l'application à la rame nouvelle des forces naturelles de l'homme, devient tout-à-fait facile dans un modique bateau, dans une chaloupe, etc.; mais il n'en est pas de même dans un vaisseau de haut-bord; c'est pourquoi l'on va de préférence parler de ce dernier, et ce qui y sera exécuté ou essayé, pourra dans tous les cas être naturellement rapporté à tout autre bâtiment, qui également ou même plus à-propos, aurait pu être choisi pour exemple.

La figure 11 donne isolément l'image du mécanisme où sont employés de nouveaux rameurs. Leur travail est moins pénible que celui de la rame ordinaire, et leur apprentissage est aussi court et aisé que celui de bien ramer est long et difficile.

Cet appareil peut être placé partout où il serait jugé l'être à la plus grande convenance et causer le moindre embarras : à fond de cale, à 5, 10, 20 pieds au-dessus, sur le 1er., 2e., 3e. ou 4e. pont, comme encore vers le milieu, vers la proue ou la poupe d'un vaisseau du premier ordre.

On va le supposer situé au milieu du deuxième pont.

Le tambour principal AB, élevé à une hauteur quelconque, trouve son axe dans celui de l'arbre EE'. Celui-ci, selon le nombre des rameurs, peut être très-court ou se prolonger de bâbord à stribord, et dans ce dernier cas il a, à des distances égales, comme en γ, γ', des supports que l'on a cru devoir supprimer dans la figure et avec eux tous les accessoires qui auraient pu la surcharger inutilement.

Sur le même tambour AB se trouve enroulée cette quantité des deux grandes cordes dont il ne peut que rester toujours garni; car dans sa rotation alternative, il perd à ses deux extrémités ce qu'il gagne simultanément à son milieu, pour reperdre ensuite à son milieu ce qu'il acquiert en même tems vers ses bords. Aux quatre bouts e, e', e'', e''', de ces deux mêmes parties de cordes, viennent s'attacher (par des crochets ou anneaux fermans ou autrement), les quatre extrémités des longues cordes qui s'enfoncent dans les grands tuyaux, passent sur les poulies, et aboutissent aux deux nageoires.

Les chiffres 1, 2, 3, 4, etc.; indiquent autant de doubles manivelles par lesquelles on imprime le mouvement à tous les petits cylindres dd', dd', dd' etc., qui tournent, chacun, sur un axe particulier; et c'est au moyen de cordes de boyaux ou de courroies, ou de courtes chaînes métalliques sans fin , qui unissent tous les cilyndres l'un à l'autre, que toute la machine obéit au même mouvement.

Toutes les choses se trouvant disposées de la sorte, si au son d'une mesure frappée , l'on fait tourner toutes les manivelles quatre fois dans un sens et quatre fois dans le sens contraire, le tambour principal AB répètera quatre tours dans chaque sens, seule condition qu'exige le mouvement continuel des nageoires, ou la marche du bâtiment. Une légère attention donnée aux deux figures 11 et 9 à la fois, suffira pour s'en convaincre.

Les barres cylindriques des doubles manivelles 1 , 2 , 3 , 4 , etc. , (*fig.* 11) ont chacune, par exemple , 12 pieds de longueur intérieure , ce qui suffit pour placer 8 hommes d'un côté et 8 de l'autre en regard des premiers. 16 hommes seront donc employés à chaque barre. Mais, suivant la figure, si l'on compte neuf manivelles du côté de la poupe, lesquelles occupent par conséquent 150 rameurs à-peu-près , l'on doit admettre , pour contrepoids utile au grand axe EE', un pareil nombre de manivelles du côté de la proue, et c'est ainsi que l'on emploierait aisément 300 rameurs occupant sur un grand navire un assez petit espace.

Cependant les plus grandes galères portaient 320 rameurs , savoir 5 sur chacune de leurs rames dont le nombre total était 64 (1). Il ne paraîtrait donc pas étrange d'en placer autant ou un peu plus sur un vaisseau de guerre, de convertir même en rameurs tous les hommes formant l'équipage, matelots, canonniers, soldats, etc.; alors qu'il s'agirait de courir sur l'ennemi, d'éviter un combat inégal, de franchir un pas difficile, de faire une marche forcée, etc., etc.

C'est ici le lieu de démontrer en peu de mots combien est susceptible de se déployer et multiplier cette partie du mécanisme que comprend la figure 11. On va donc le faire en ne consultant grossièrement que la capacité du plus grand navire qui existe aujourdhui , et faisant abstraction de tout ce qu'il devrait contenir. Sans doute un grand ridicule serait attaché à une pareille exagération, si elle avait un motif autre que celui de donner à entendre que les rameurs nouveaux peuvent être placés partout, et qu'ainsi la marge fournie par la nouvelle méthode, est comme sans limite; mais rien n'empêchera de ne prendre ensuite, par exemple , que la 10e., ou 20e., ou 50e., etc. partie de cette marge immense et absolue.

Le plus grand bâtiment a 200 pieds en longueur, mesure de sa quille; mais un intervalle de 4 pieds suffit entre les trois manivelles, 1 , 2 et 3 , et les trois suivantes 4 , 5 et 6 ; donc un seul pont porterait 150 manivelles et par conséquent 2,400 rameurs.

Ensuite de même que les 4 petites chaînes z, z', z'', z''', partant des 4 cylindres dd', dd', etc., qui se trouvent en première ligne , ou les plus rapprochés du tambour principal AB, parviennent horisontalement sur le grand axe EE', de même aussi d'autres chaînes semblables peuvent y parvenir verticalement; ainsi l'on placerait encore 2,400 rameurs sur le pont inférieur , et par la même raison autres 2,400 sur le pont qui est au-dessus. Donc 7,200 sur 3 ponts seulement.

Enfin dans tout l'espace compris entre le pont le plus bas et le fond de la carène, mais qui devient successivement moins large , on pourrait, imaginant trois étages, y employer approximativement les deux tiers du nombre trouvé ci-dessus. L'on formerait donc le nombre prodigieux de 12,000 rameurs ; mais il est vrai qu'alors on serait tenu de multiplier considérablement les grands tambours tels que AB, et par conséquent les nageoires.

____

(1) Quelquefois même l'on comptait 384 rameurs, ou 6 sur chaque rame.

De cette exagération monstrueuse l'on conclura cependant que le système nouveau ne saurait foiblir du côté du nombre des rameurs que l'on jugerait à propos d'admettre, faculté, comme on le sait, refusée en grande partie au système de la rame ordinaire.

L'on conclura encore que, si l'on a pu former des séries de manivelles situées les unes à la suite des autres horisontalement, l'on a la même aisance à les établir verticalement. Dans ce dernier cas les rameurs se trouvent réellement logés les uns au-dessus des autres, et peuvent l'être en autant d'étages qu'en comporte la hauteur du navire, du bas de la carène au tillac inclusivement, et c'est en quoi se trouve réalisé, et même bien au-delà, tout ce que quelques Modernes, dans leur admiration légitime ou non, se sont efforcés d'attribuer aux Anciens. En effet, ceux-ci pouvaient, si l'on veut, situer 3, 4, 5, etc. rangs de rameurs, les uns au-dessus des autres, en autant d'étages superposés à partir de la flottaison; mais ils n'ont jamais dû penser à en placer aucun, et encore moins un certain nombre, au-dessous du niveau de l'eau.

Enfin l'on conclura que le tambour principal AB, peut être mis sur un pont quelconque et y occuper un très modique espace, tandis que tous les rameurs, et avec eux tout l'attirail des manivelles, pourraient être relégués à 10, 20, etc., pieds au-dessous, et *vice versâ*.

MÉCANISME DE LA NAGEOIRE SIMPLIFIÉ.

Les parties dont se composent l'appareil de la nageoire et la nageoire elle-même, telles qu'on les a conçues d'abord, et dont on a donné la description, laissent apercevoir de nombreuses imperfections; et c'est, comme il a été dit, au moyen de changemens, et surtout de suppressions, que l'on a obtenu un mécanisme tel qu'il semble avoir presque tout acquis du côté de la simplicité, l'on pourrait presque dire du perfectionnement; ensorte que l'on peut considérer la machine connue et celle à connaître comme deux extrêmes entre lesquelles il serait facile, mais superflu, d'en insérer un certain nombre d'autres bien distinctes entr'elles, et qui se montreraient d'autant moins parfaites qu'elles se rapprocheraient davantage de la première.

L'appareil, que l'on va décrire, est celui même dont on s'est servi dans cinq expériences faites jusqu'à ce jour, lesquelles trouveront leur place dans la seconde partie de ce mémoire présentée sous le titre de mémoire à l'appui.

SJ (*fig.* 12) est la nageoire. Elle n'a plus qu'un battant. Sa forme peut être mi-circulaire. Elle porte au milieu de son envergure, ou diamètre SJ, une modique tige *l* traversée d'un petit axe horisontal *r r'*, au moyen duquel elle est mobile dans une chape, à l'extrémité-avant (1) de l'arbre-manche (*fig.* 13) qui ne lui permet qu'un mouvement alternatif de rotation de 90 degrés, de telle sorte que tantôt armée, elle forme avec lui un angle droit, et tantôt désarmée, elle lui devient parallèle, autrement s'applique sur lui.

La figure 13ᵉ. donne le plan de l'arbre-manche, et la 14ᵉ. son élévation. Il porte vers ses

---

(1) Afin d'éviter des circonlocutions qui se présentent en très grand nombre, après avoir mis le nom de la chose, l'on ajoutera les mots *avant* ou *arrière*, et l'on dira, par exemple, la nageoire-avant, le tuyau-arrière, etc., pour exprimer la nageoire qui est du côté de la proue, le tuyau qui est situé près de la poupe, etc.

extrémités deux pommelles, ou olives de cuivre x et x', placées sur un col très court. L'on verra bientôt quelle en est l'utilité.

La figure 15e. représente une nageoire armée, vue en face, et la figure 16e. la même nageoire armée, mais vue par côté.

Dans cette dernière figure il est bien de faire, entr'autres remarques, celle que la corde-avant lC se trouve attachée tout-à-fait à l'extrémité de la tige l que porte la nageoire, ensorte que celle-ci, quand elle est tirée par cette corde, a deux manières de lui obéir. Selon la première, semblable à un levier mobile sur son appui, elle tourne d'abord sur son petit axe r et s'applique contre l'arbre-manche; et selon la seconde, elle est ensuite appelée vers la proue.

$DCD'C'$ (*fig.* 20) offre une très longue pièce de bois dont les dimensions seront toujours suffisamment indiquées par la grandeur et le port de chaque bâtiment. Ici l'on va lui prêter des dimensions arbitraires. Son épaisseur sera de 3 pouces, sa largeur de 3 pieds, et sa longueur de 100, autrement toute la longueur d'un bateau ou navire quelconque.

Cette pièce, en bois léger comme sapin, etc., se forme elle-même de deux madriers jumelles DC et $D'C'$ qui laissent entr'eux un certain intervalle $o\,o\,o$ etc., par exemple de 5 pouces, et qui sont convenablement liés et fixés, l'un à l'autre, vers leurs extrémités et vers leur milieu H. Elle est destinée à se mettre sous le fond même d'un bâtiment et là occuper de l'avant à l'arrière une place semblable à celle qui y a, ou y aurait, une quille : aussi portera-t-elle le nom de fausse-quille. Sa surface appliquée contre la carène même, va se nommer supérieure, et l'autre inférieure.

La surface supérieure (*fig.* 21) ne porte que des traverses de fer uu, uu, etc.; qui suffisamment multipliées et maintenant la grande rainure $o\,o\,o$ etc., dans une continuelle largeur de 5 pouces, servent encore de liens très nécessaires pour fixer de nouveau, et surtout pour contenir dans le même plan, les deux grands madriers. Ces traverses, ayant d'ailleurs la force qui sera jugée nécessaire, sont enfoncées ou enchassées jusqu'à fleur de bois.

La surface inférieure (*fig.* 22 et 22*) exige plus de matière et de main-d'œuvre. Elle porte d'abord en son milieu (*fig.* 22*) 4 barres de fer, deux du côté de l'arrière et deux de celui de l'avant, lesquelles se touchent par leurs extrémités vers le milieu H. Les deux premières sont, l'une mm large de 4 pouces, et elle empiète de 3 sur la rainure, ou l'espace $o\,o\,o$ etc. ménagé entre les deux madriers, et l'autre nn large seulement de 2 pouces, mais n'empiétant que d'un pouce. Elles observent donc entr'elles un intervalle qui forme lui-même une nouvelle rainure d'un pouce en largeur et de 50 pieds en longueur.

Les deux barres de l'avant veulent être disposées de même, avec cette différence seule que la barre $m'm'$ devient celle de 2 pouces en largeur, et s'avance de 1 sur la grande rainure, tandis que celle $n'n'$ prend la largeur de 4 pouces pour couvrir de 3 la même rainure.

C'est ainsi que l'on obtient deux rainures étroites qui ne sont point prolongement l'une de l'autre, mais dans des directions parallèles très rapprochées, et, dans le cas présent, écartées seulement de 2 pouces. Elles se nommeront, la première, rainure-arrière, et la deuxième, rainure-avant. La rainure large de 5 pouces, pratiquée dans le bois (*fig.* 22), s'appellera grande coulisse.

La surface inférieure (*fig.* 22 et 22*) porte encore, dans toute sa longueur et sur ses bords, deux barres de fer bb et $b'b'$, carrées ou à peu près, fixées d'une manière convenable à leur emploi, et conservant, au-dessus du bois, une saillie égale à toute leur épaisseur, qui peut être de 6 ou 8 lignes.

De plus, la fausse-quille comprend trois poulies, savoir : une p^1 à son extrémité-avant, et deux p^2 et p^3 à son extrémité-arrière. La poulie-avant p^1 est toute entière enfouie dans la grande coulisse, et y roule librement sur un axe vertical. Les deux autres p^2 et p^3 tournant sur un même axe horisontal, s'enfoncent dans la grande coulisse presque jusqu'à fleur de bois du côté de la surface inférieure, et se produisent d'ailleurs au-dessus de la surface opposée, plus ou moins suivant leur diamètre.

Enfin une même corde passant d'abord sous la poulie p^2, parcourt la longueur de la grande coulisse, embrasse la poulie p^1, et revient à la poupe passer sous la poulie p^3. Ses deux bouts e et e' se prolongent en dehors indéfiniment.

Tout préparé de la sorte, la fausse-quille est propre à recevoir les deux nageoires. Il est clair qu'une première place donnée à l'une d'elles, détermine quelle place doit occuper l'autre, afin qu'ensuite tous leurs mouvemens soient en harmonie parfaite. Mais il convient ici de leur assigner pour toujours non-seulement les deux premières places réciproques, mais encore les plus naturelles, et, si l'on doit s'exprimer ainsi, le plus à la main. Elles seront donc choisies l'une à l'extrémité-arrière et l'autre à l'extrémité-avant de la fausse-quille.

L'on introduit successivement dans la grande coulisse et par son extrémité-arrière, les deux pommelles x et x' fixées sur l'arbre-manche ($fig.$ 16), de telle sorte que leurs deux cols se trouvent engagés dans la rainure de fer, et que la pommelle x touche presque la poulie p^2. Alors l'on coupe la corde tendue dans la grande coulisse, à cet endroit qui répond à la tige l de la nageoire, et l'on obtient deux bouts que l'on attache à la manière indiquée par la même figure 16. C'est ainsi que la nageoire-arrière est mise en place.

Les mêmes choses se répètent à l'autre extrémité de la fausse-quille, et la nageoire-avant se trouve bien placée, si elle est fixée à l'autre branche de la corde fortement tendue, et que sa tige l touche presque la poulie p^1.

Cette opération terminée, si l'on tire le bout e' de la corde ($fig.$ 22*), et qu'on laisse courir l'autre bout e, les cols des deux pommelles glissant à frottement dans les petites rainures avant et arrière servant de directeurs, portent les nageoires vers le milieu H; et si ensuite on tire l'autre bout e laissant courir, à son tour, celui e', les deux nageoires courent reprendre leur première position. C'est-là le mouvement rectiligne alternatif que demande le jeu des nageoires, et qui, du reste, aura lieu comme dans le premier appareil décrit, si les deux extrémités de la grande corde, parvenant sur un tambour tel que AB ($fig.$ 23), s'enroulent l'une du côté A et l'autre du côté B.

Afin de diminuer les frottemens, l'on pourra, toutes les fois que la chose deviendra praticable, substituer des roulettes aux pommelles que portent les arbres-manches.

Quoiqu'une marge suffisante se trouve ménagée dans toute la longueur de la grande coulisse pour le libre passage des deux branches de la corde tendue, soit à côté l'une de l'autre, soit à côté des pommelles, néanmoins comme il se présente à cet égard plusieurs expédiens, qui ne sont que des facilités de plus, l'on va indiquer le plus marquant.

Si l'on conçoit toute la corde intérieure ($fig.$ 22*) divisée en quatre parties égales, savoir : mm, $m'm'$, nn et $n'n'$, l'on remarquera que si la seconde $m'm'$ et la troisième nn, parce qu'elles sont tenues de rouler sur des poulies, ne peuvent que demeurer cordes ou chaînes de métal, il n'en est pas de même des deux autres *mm* et *n'n'*, qui, n'y passant jamais, pourraient être utilement converties en deux tringles ou verges de fer de 4 à 6 lignes de diamètre.

La figure 23 donne la plus grande section verticale faite au milieu de la carène d'un petit navire dans le sens de sa longueur, longueur qui sera supposée de 100 pieds. Le fond est percé de deux trous, l'un près de D, et l'autre de C. Le trou fait à l'arrière doit être assez grand pour ne pas gêner le mouvement de deux cordes, ainsi que celui de deux poulies qui viennent s'y introduire en partie. Celui de l'avant est au contraire très petit. On adapte et lutte convenablement sur ces trous des tuyaux proportionnés T^1 et T^2, qui s'inclinent assez pour s'appliquer exactement sur la surface intérieure de la poupe et de la proue, et où l'eau prend son niveau naturel (1).

Ces mêmes tuyaux au surplus deviendraient très simples, s'ils étaient convertis en gaînes quadrangulaires ou triangulaires. La gaîne de quatre angles se composerait de trois fortes planches de chêne, etc.; la quatrième étant naturellement fournie par la paroi de la carène. Celle de trois angles serait formée par une seule planche fermant les angles intérieurs ou rentrans, de la proue et de la poupe, s'ils étaient assez aigus.

Maintenant il ne s'agit plus que d'appliquer à la carène la fausse-quille toute préparée, et encore de la lui ôter, deux opérations qu'il importe de faire sur-le-champ, sur l'eau même, dans tous les parages, et avec l'aisance la plus grande; et c'est en effet ce qui aura lieu, comme l'on va s'en convaincre, quel que soit d'ailleurs le tirant-d'eau du navire.

En conséquence, que le bâtiment soit supposé en mer à une distance quelconque du port? que la fausse-quille, placée à côté de lui, flotte également sur l'eau? car l'on doit avoir combiné dans sa construction les deux matières, bois et fer, dans de telles proportions, que son poids demeure, tant soit peu, plus léger que le volume du liquide qu'elle déplace.

L'on n'oubliera pas de comprendre, dans le poids de la fausse-quille, celui des nageoires, de même que celui de deux barres de fer, espèces de grosses et longues chevilles *h* et *h'* (*fig.* 23), dont doivent être munies ses extrémités arrière et avant. Ces chevilles, hautes de 2 ou 3 pieds, extrêmement renforcées vers leurs bases, sont adhérentes et mobiles au moyen d'une énorme charnière, et se terminent en haut subitement par une pointe et un anneau.

On laisse tomber dans les deux tuyaux T^1 et T^2 des bouts de corde portant un poids de plomb. Ces deux bouts, d'abord saisis au-dessous du fond par un harpin, et attachés

---

(1) Ici l'on doit placer une remarque générale et avertir que l'on a cru devoir donner dans presque toutes les figures et sans aucun égard aux proportions, le développement le plus considérable et ainsi le plus expressif, à tous les objets de détail. Par exemple, les tuyaux et les trous faits à la carène, ont par tout un diamètre beaucoup trop grand; mais sur tout ce défaut de proportion devient frappant dans la figure 23. Il eût été difficile de prendre un autre parti sans traiter les figures totales, principalement celles qui expriment les navires, avec des dimensions qui eussent excédé les limites des formats les plus amples.

Ce qu'il importe de savoir, et ce qu'il suffit de dire, c'est que le tuyau-avant T^2 (*fig.* 23) aura tout au plus le diamètre de 5 à 6 pouces, et le tuyau-arrière T^1 celui de 15 à 18; ou l'équivalent à peu près, si par fois l'on juge à propos de leur donner la forme ovale ou quelqu'une des formes rectangulaires.

ensuite aux deux anneaux des chevilles fortes dont il vient d'être question, comme aux cordes e et e' livrées par les poulies p^1 et p^3 (*fig.* 22), sont bientôt retirés, et la fausse-quille est placée. Il ne reste plus qu'à la tenir fixée, soit au moyen des bouts de corde ou de chaîne qui sont allés la saisir, soit par les deux anneaux introduits, soit autrement.

L'on se persuadera sans peine que le déplacement de la fausse-quille n'est pas moins facile et prompt. On détruit l'obstacle quelconque qui la tient fixée; on la repousse à l'aide de deux leviers de bois que l'on plonge dans les tuyaux, et elle vient d'elle-même se mettre à flot, rapportant avec elle les deux bouts de corde qui vont servir à la remettre en place en quelques secondes.

Ces deux opérations d'une importance majeure dans bien des cas, et particulièrement dans ceux où il deviendra nécessaire de changer une nageoire aussitôt que quelqu'une de ses parties se serait ou dérangée, ou altérée, ou rompue, s'exécutent avec une prestesse qui ne pourrait guère avoir lieu sur terre. L'eau est ici d'un merveilleux secours : c'est par elle que le poids de la fausse-quille en question, qui n'est pas inférieur à cinq milliers, cesse d'en être un : c'est par elle que cette pièce longue de 100 pieds, et portée par ses extrémités, n'est point pliée quand on la met en place : et c'est encore par elle qu'elle conserve ce degré de tension qui la rend si parfaitement applicable au fond de tout bâtiment; trois circonstances, entr'autres, qui pour être toutes naturelles et se présenter ici presque fortuitement, ne perdent rien de leur haut prix.

Enfin la figure 24, construite sur une plus grande échelle, donnant, au-dessus même de la nageoire armée, la coupe verticale de la carène faite dans le sens de sa largeur, et donnant en même tems celle du tuyau arrière et principal, celle de la fausse-quille, enfin celles de toutes les parties qui entrent dans la construction de cette dernière, contribuera à faire disparaître ce qui pourrait rester d'obscur et d'équivoque dans toute la machine. L'on voit en effet la manière dont la pommelle x s'engage elle-même dans la grande coulisse, et engage son col dans cette rainure-directeur ménagée entre les deux barres de fer c et c' de largeurs inégales; tandis que le diamètre SJ de la nageoire est maintenu dans une situation horisontale, comme il le sera durant tout le chemin qu'il doit parcourir parallèlement à lui-même, en appuyant ses deux parties a et a', renforcées exprès, sur deux barreaux saillans b et b' qui se trouvent fixés aux extrêmes bords de la fausse-quille dans toute sa longueur.

La même figure laisse encore apercevoir les deux poulies jumelles p^1 et p^3, qui, très rapprochées l'une de l'autre, roulent verticalement, mais en sens contraires, sur un même axe, ou, ce que l'on doit supposer comme bien préférable, sur deux axes différens. Par leurs parties inférieures elles touchent presque les deux barres de fer c et c', et cependant leurs parties supérieures se produisent dans la petite ouverture faite à la carène, et doivent même s'y élever jusqu'à cette hauteur où leur diamètre obtient toute la longueur reconnue utile. Enfin deux bouts e et e', fournis par la grande corde attachée aux nageoires, passent sur leurs gorges, traversent dans sa longueur le tuyau vertical ou incliné T, parviennent à la roue AB, l'embrassent pour s'y appliquer de côtés opposés, et, après y avoir formé quelques premiers cercles nécessaires, ils sont désormais propres à s'y dérouler et enrouler et alternativement et simultanément tout à la fois, à l'aide d'un moteur animé, ou d'un moteur à feu, ou de tout autre.

Tel est l'appareil considérablement modifié et simplifié. Par lui l'on obtient de la nageoire un effet dynamique bien supérieur à celui que pourrait fournir le premier décrit.

Parmi les nombreux changemens opérés, les uns doivent être rapportés à ce plus grand effet ou produit cité, et les autres considérés comme faisant succéder de grandes commodités à d'immenses embarras. L'on verra même que la plupart remplissent ce double objet.

Les premiers, et les plus dignes de remarque, sont :

1°. Les trois jambes fortes saillantes au-dessous du bâtiment (*fig.* 9), supprimées.

2°. Les cordes soustraites à l'action de l'eau extérieure et courante.

3°. Une seule corde au lieu de deux.

4°. Les poulies rentrées dans le corps du navire.

5°. Les poulies encore réduites de 6 à 3, dont une seule (l'une des deux poulies-arrière alternativement) éprouve l'effort principal, autrement les $\frac{19}{20}$ de l'effort total, et les deux autres seulement $\frac{1}{20}$ à peu près.

6°. La nageoire mieux dirigée, sans rien perdre de sa grande portée.

Les plus notables de la deuxième espèce sont :

1°. L'addition d'une fausse-quille à l'aide de laquelle les nageoires sont soustraites à l'eau dans un clin d'œil, et surtout échangées aussi tôt que l'exige le cas le plus urgent, ou l'accident le plus petit.

2°. Nul inconvénient à éprouver de la présence des cordes, et encore de cordes qui sans cesse mouillées et remouillées, parcourraient l'intérieur du vaisseau dans toute sa longueur (*fig.* 9) : maintenant un seul tuyau, suffisamment évasé, livre deux bouts de corde (*fig.* 24 *et* 23) à la roue la plus simple placée au-dessus de lui.

3°. La suppression du tuyau le plus importun, celui du milieu, et, on peut le dire du moins dans le sens dont il s'agit actuellement, la suppression encore des deux autres; car ils ne figurent plus comme objets incommodes, mais se confondent tellement avec les parois extrêmes de la poupe et surtout de la proue, qu'ils font corps avec elles, et occasionnent seulement que l'angle intérieur de l'une et de l'autre soit insensiblement plus obtus.

CONSÉQUENCES DE TOUS GENRES.

NAGEOIRE. Pour attribuer à la nageoire (*fig.* 15) l'avantage qu'a la première décrite (*fig.* 2), celui de renfermer les cordeaux, ou les petites verges de métal brisées, qui la tiennent ouverte, et de les soustraire ainsi à l'action de l'eau durant tous les instans de son retour, on lui rend, outre sa grande charnière SJ, la partie même qu'on lui avait ôtée, et pour ainsi dire l'autre moitié d'elle-même; mais à cette différence notable près, que cette moitié, cessant d'être battante, demeure invariablement adhérente à l'arbre-manche. Cette partie rendue va composer seule la figure 17. Elle se forme d'une simple feuille de cuivre ou fer, qui d'abord assez mince dans toute l'étendue limitée par *sfigs*, le devient successivement davantage jusqu'à son contour SFJGS, lequel doit imiter le tranchant d'une hache, surtout dans cette espèce de couteau SFJ qui n'est que le prolongement de la même feuille au-delà de la charnière. Mais il est à observer que cette diminution graduelle d'épaisseur ne doit affecter que la partie extérieure de cette sorte de couvercle immobile, tandis que la surface intérieure reste plane.

Mais l'on peut aller plus avant. Par exemple, qu'il s'agisse d'une grande et forte nageoire? que l'on donne jusqu'à 10 lignes d'épaisseur à l'aire *sfigs*? par-là l'arbre-manche, rendu inutile, sera supprimé. Alors cette même partie que comprend toute la figure 17, en remplira la fonction sans difficulté : elle tiendra les cordeaux fixés, portera les pommelles, etc. ; et si l'aiguité de son tranchant SFJ, si celle de tout son bord postérieur SGJ, et si la confection d'une charnière en même tems forte et sans saillie, ne laissent rien à désirer, au lieu de 10 lignes épaisseur qu'on vient de lui prêter, elle ne présentera plus isolément que l'équivalent d'une ligne épaisseur plane au choc de l'eau.

La même nageoire (*fig.* 15) aura également l'avantage de renfermer les cordeaux, si on la divise en deux parties S*gf* et J*gf* (*fig.* 18) qui alors formeront deux battans parfaitement semblables, et rouleront sur une même charnière, toujours verticale, et égale en hauteur au rayon milieu *fg*.

L'on voit une nageoire de cette dernière forme, ouverte dans la figure 18, et fermée dans celle 19.

L'on a différé jusqu'à présent de parler d'une addition extrêmement profitable à l'action de la nageoire, telle que la représente la figure 15, et qui a dû contribuer singulièrement à augmenter cet appui qu'elle rencontre dans l'eau.

L'on sait que dans tous les tems il a été important de trouver la forme de la proue qui offrît le moins de résistance, et que les Auteurs, recourant à un terme extrême de comparaison, ont eu souvent l'occasion de dire que la proue qui n'aurait aucune saillie et se terminerait par un plan vertical, serait celle qui en éprouverait davantage, et il était inutile, pour ne pas dire ridicule, de fouiller plus avant.

Cependant cette dernière cesserait d'être prise pour celle qui donne le *maximum* de résistance, si on avait égard aux entraves, aux obstacles et aux aspérités de tous genres, dont l'art même, si la chose promettait un résultat important, s'évertuerait à la couvrir et hérisser ; car de pareilles tentatives ne demeureraient pás sans effet, et indubitablement sa résistance dans le sillage serait de beaucoup augmentée.

Cette observation bizarre et insignifiante dans toutes les circonstances, mais qui cesse de l'être pour le cas présent, jointe à l'examen de la manière dont l'eau tend à se soustraire, et se soustrait en effet, quand elle se trouve refoulée par une surface non seulement plane, mais encore lisse et unie, a conduit naturellement à admettre sur celle des surfaces de la nageoire qui heurte le fluide et lutte contre lui, des aspérités de deux espèces.

Les premières, extrêmement multipliées, ne sont autres choses que des incisions ou taillades assez profondes, faites au ciseau sur la feuille de cuivre dont se forme la nageoire, en observant de tenir l'outil toujours incliné vers le milieu même de cette dernière, c'est-à-dire, du côté opposé à celui par lequel le fluide tend à s'échapper.

Celles de la deuxième espèce se composent d'un très grand nombre d'écailles ou lamelles de cuivre, se dressant et se couchant au moyen de charnières tout-à-fait petites. Dans ce cas, les mêmes cordes ou chaînes métalliques qui ont l'emploi de maintenir la nageoire armée dans un plan toujours vertical, ont aussi celui d'adhérer par de fort petits liens, chacune à un système particulier de ces lamelles; et c'est par l'effet même de leur tension que ces dernières se hérissent aussitôt que la nouvelle rame se déploie, pour être ensuite abaissées au moment où celle-ci cesse de refouler l'eau, se recouvrant pour lors, les unes les autres, du diamètre SJ (*fig.* 15) à la demi-circonférence *g*, à peu près comme les écailles, sur le corps des poissons, se recouvrent de la tête de l'animal vers la queue.

L'on conçoit que ces aspérités de deux genres (1), surtout du dernier si les lames ont quelques pouces de hauteur, ne peuvent manquer de donner un plus haut degré de consistance et d'intensité à l'appui trouvé dans l'eau; et on se le persuade d'autant mieux, que celle-ci, en opposant surface à surface à la nageoire, en prend intérieurement toute la configuration, ou s'en imprime à elle-même toutes les aspérités, dans nn sens à la vérité différent, mais tout aussi avantageux ; car elle remplace les vides par des pleins, et les pleins par des vides; en sorte que l'on est autorisé à compter quatre espèces différentes d'aspérités concourant toutes à remplir un but que l'on ne craindra pas d'envisager comme important, parce que, dans le cas actuel, l'appui pris de la sorte dans un liquide, a dû marquer un grand pas pour se rapprocher de celui que fournit un corps solide.

Et cependant toute la surface intérieure de la nageoire a beau avoir des entailles multipliées à l'infini, ou l'équivalent, et porter de nombreuses lamelles, qui dressées offrent l'image d'un dense forêt ou d'un labyrinthe sans issue, si celles-ci, aussitôt couchées qu'il s'agit du retour de la grande rame, recouvrent exactement les premières aspérités; si en outre elles se trouvent superposées ou tuilées dans le sens même du cours de l'eau, c'est-à-dire dans le sens inverse de la marche du navire, et que d'ailleurs leurs facettes supérieures soient parfaitement lisses, cette surface intérieure, dit-on, n'occasionnera ni plus de frottement ni plus de résistance que la surface extérieure même, quelque unie et polie qu'elle puisse être, et il est à propos qu'elle le soit. C'est là d'ailleurs le meilleur expédient pour parvenir à couvrir toute sorte de cordeaux.

POMMELLES. Les pommelles x et x' (*fig.* 16), de même que les petites parties saillantes a et a' (*fig.* 24), ne sont fixées que par des vis, ou par tout autre moyen semblable. L'on se ménage ainsi la faculté de les échanger quand elles sont usées par le frottement. On les recharge à loisir, et leur rendant de la sorte tout ce qu'elles ont perdu de matière et de forme, elles redeviennent propres à servir de nouveau.

ENVERGURE ET RAYON DE LA NAGEOIRE. L'envergure SJ de la nageoire (*fig.* 24) devient plus grande et son rayon fg plus petit, et même tout-à-fait petit, lorsque l'eau a peu de profondeur. La facilité d'échanger promptement les nouvelles rames, fait supposer qu'un navire en sera ordinairement pourvu pour tous les cas présumés ou possibles.

DIRECTEURS. Un certain nombre de directeurs différens et par leur forme et par la manière même dont ils seraient employés, peuvent devenir propres à la nageoire. C'est ainsi que deux simples tringles fortement tendues, l'une de la proue au milieu, et l'autre du milieu à la poupe, au-dessous d'un modique bateau, dirigeraient la nageoire, en substituant deux anneaux aux deux pommelles que porte l'arbre-manche. Et c'est encore ainsi que les mêmes tringles appliquées convenablement à une fausse-quille, viendraient remplacer sa grande coulisse

---

(1) Il suffira de faire mention de ces deux sortes d'obstacles à l'évasion trop précipitée de l'eau, quoique la nageoire elle-même soit susceptible d'en comprendre à la fois un plus grand nombre et de natures encore différentes. Il n'est pas difficile à l'imagination d'en créer de nouveaux.

et toutes ses armatures, et la convertiraient en un simple madrier de très petites largeur et épaisseur, etc.

NOMBRE DES NAGEOIRES. Un bateau, une chaloupe, etc. peuvent évidemment être mus par une nageoire seule, mais le plus souvent par deux. Deux nageoires, pour l'ordinaire, suffiront donc à la plus grande quantité des navires, et même aux vaisseaux de ligne, puisqu'elles sont susceptibles de prendre les plus vastes surfaces, à moins que l'expérience, consultée *en grand*, n'indique un tout autre nombre. Mais la surface de la nouvelle rame employée le plus avantageusement, une fois connue, deviendra nécessairement proportionnelle à la fois et au tirant-d'eau, et à la plus grande étendue de la coupe de la carène faite perpendiculairement à la fausse-quille et à l'obliquité de la saillie de toute la proue.

Toutefois un bâtiment quelconque à plates varangues, pourrait réunir sous lui autant de nageoires qu'en comporteraient sa largeur et sa longueur; mais il faudrait qu'il fût prouvé jusqu'à quel point le plus grand nombre favoriserait la plus grande promptitude de la marche, et encore qu'un cas tout-à-fait extraordinaire vînt le requérir. On va citer un exemple extrême. Soit la largeur du navire de 48 pieds? elle comprendrait, de babord à stribord, 8 couples de nageoires de 6 pieds d'envergure, parcourant huit routes différentes et parallèles. Soit la longueur de 200 pieds? elle pourrait compter, divisée en deux parties égales, huit couples de nageoires de la proue au milieu, et un pareil nombre du milieu à la poupe, etc.

TUYAUX. Le tuyau T^1 (*fig.* 23), qui s'applique à la poupe intérieurement, pourrait également être porté en dehors tout entier, et s'y adapter extérieurement. Une semblable disposition, si elle avait été prévue dans la construction du bâtiment, ne nuirait en rien ni au jeu ni à l'effet du gouvernail. Dans ce cas, la grande roue AB serait indifféremment située ou en dehors ou en dedans. Le tuyau T^2 pourrait de même se placer en dehors et couvrir l'étrave.

FAUSSE-QUILLE. La fausse-quille dans les grands vaisseaux, peut au lieu d'une largeur de 3 à 4 pieds, n'avoir que celle de 1 pied et même moins. Devenue étroite, elle ne peut que cesser de porter les deux parallèles bb et $b'b'$ (*fig.* 22), qui pour lors sont invariablement fixées à la carène même supposée plane; sa largeur d'ailleurs, quand même on n'aurait aucun motif pour la diminuer, devient naturellement très peu de chose dans les petites embarcations de mer et de rivières.

Une fausse-quille, quelque grandes que fussent ses dimensions, ne saurait être d'un transport difficile ou embarrassant, placée dans l'intérieur d'un navire quelconque. Elle pourrait, sans inconvénient présumé, se diviser en 2, 4 etc. parties, si chacune de celles-ci portait à ses extrémités une demi-charnière (ou l'équivalent), dont les trous devant recevoir les boulons prendraient la forme carrée. Ce serait donc au moyen de boulons eux-mêmes carrés et pouvant être à volonté ou ôtés, ou remis, que l'on aurait à propos une fausse-quille ou désassemblée, ou entière.

La fausse-quille peut se prolonger indéfiniment soit du côté de la proue, soit de celui de la poupe, soit encore des deux côtés en même tems (*fig.* 25). Dans les deux derniers cas, l'une des extrémités de la corde (comme les deux extrémités pourraient également le faire, si la poupe était plus élevée et conséquemment dans les bâtimens de haut-bord), rentre par une modique ouverture D pratiquée à l'arrière du bateau. Cette ouverture deviendrait plus grande si la roue A^1 avait son axe horizontal porté par la poupe même en A^2, et elle

5

disparaîtrait si, par son axe situé en A³, la roue était toute entière hors de la barque, et à une distance quelconque de la poupe.

Par de tels prolongemens donnés à la fausse-quille, si jamais l'expérience faisait connaître que leur utilité l'emportât sur le modique embarras qu'ils viendraient occasionner, l'on parviendrait assez heureusement à attribuer une grande portée, ou course, aux nageoires, avantage qui se rencontre naturellement dans les grandes embarcations, et qui manque, du moins en partie, aux petites.

Mais alors, afin d'empêcher ces prolongemens de plier s'ils devenaient trop longs, il serait à propos d'ajouter au bateau même des espèces d'avant-proue et d'arrière-poupe, c'est-à-dire, deux tables de bois, sans aspérités, triangulaires, verticales dans le sens de leur largeur, formées de planches assez fortes, et telles enfin que les représente la figure 25, où elles se trouvent désignées par $x\,y\,z$ à la proue, et $x'\,y'\,z'$ à la poupe. L'on remarque que leur trois côtés sont, le plus grand $y\,z$ appliqué sur la fausse-quille, et le plus petit $x\,y$ lié au bateau, tandis que le moyen $x\,z$ forme un plan incliné auquel on doit supposer toute l'aiguité d'un couteau, aiguité surtout nécessaire à l'avant-proue, pour y diviser l'eau dont la quantité quelconque déplacée, serait toute en moins à refouler par la proue même. D'ailleurs plus une proue est allongée et moins le choc du fluide coûte au moteur, et de plus une proue qui, avec une pareille obliquité, pénètre ainsi dans l'eau, est bien à préférer à celle qui au contraire s'incline et surgit sur elle.

REMORQUE.   Lorsqu'il sera question soit d'appliquer immédiatement la machine nouvelle, soit de donner la remorque, à un bateau dont les formes sont peu propres à fendre l'eau, on lui adaptera une proue factice pour le tems de la route. C'est ainsi que le bâteau (*fig.* 26) dont toutes les parois ne sont à angle droit que parce que, dans sa construction, l'on a eu uniquement en vue son plus grand port, deviendra assez apte à la navigation, par la seule application momentanée de la fausse-proue $a\,b\,c$.

Par une raison semblable, quand plusieurs bateaux de la même espèce défectueuse sont à touer ensemble, le premier (*fig.* 27), s'il devient bateau remorqueur, reçoit tout le choc de l'eau sur une proue factice $a\,b\,c$, et de plus protège le suivant au moyen de deux sortes d'ailes $g\,f$ et $g'\,f'$, dont il couvre tout son avant. Ces ailes ou haies rectangulaires, formées de planches lisses, sans beaucoup d'épaisseur, sont assez longues pour clorre tout l'intervalle D, et annuller cette inégalité de largeur $u,\,u$ qui peut exister entre une poupe et proue quelconques. Aussi larges d'ailleurs que les flancs du bateau sont hauts, elles y sont adhérentes, mais mobiles par une charnière sans saillie. La figure 26 indique la place de la charnière $g\,g'$; et représente isolément une de ces ailes $f\,g\,f'\,g'$. Enfin une troisième aile également mobile, mais rarement utile, s'adapte en GG (*fig.* 27) sous le fond même des poupes.

LA VÎTESSE DU SILLAGE EST CONNUE A TOUT INSTANT.   Dans la dernière des expériences que l'on a dit avoir faites, il a été observé que l'eau, à l'instant que le bateau était mis en mouvement, s'élevait quelque peu au-dessus de son niveau dans le tuyau-avant T¹ (*fig.* 23), et qu'ensuite cette élévation devenait d'autant plus sensible que la rapidité de la marche augmentait. Sans doute que l'eau amoncelée devant la proue, et que le bateau lui-même incliné à l'avant, produisaient cette différence. Mais n'importe la cause ? une telle remarque, quelque oiseuse qu'elle paraissait d'abord, ne pouvait rester long-tems infructueuse, faite dans un procédé qui doit s'approprier les plus grands avantages résultant de trous pratiqués à la carène; elle a donc fourni un expédient tout-à-fait simple et vraisemblablement applicable à toutes espèces de navigations, par lequel on connaîtrait, à chaque instant, quelle serait au juste la rapidité du sillage, sans avoir besoin de recourir à d'autres moyens, si ce n'est pour vérifier et constater dans le principe la justesse de la nouvelle mesure. En conséquence, l'on fait à l'arrête d'une proue quelconque, autrement à l'étrave même, un trou circulaire t (*fig.* 9) de deux pouces de diamètre, par exemple, et le plus au-dessous possible de la flottaison, afin d'y adapter un tube métallique $t\,n\,h$ de même diamètre, lequel reposant ou non sur la paroi intérieure de la proue, se termine en haut par un fort ajutoir de verre $n\,h$ portant une échelle graduée. Ce tube ouvert aux deux bouts et évasé à son orifice inférienr, permet ainsi la plus libre entrée à l'eau qui y prend son niveau le bâtiment étant en repos, pour s'y porter ensuite à des degrés de hauteur quelconques rigoureusement indicateurs de la vîtesse de la marche.

Cependant cette vîtesse, qui ne pourrait guère être conclue exactement du calcul voulu par les lois hydrauliques, eu égard qu'il se trouverait ici altéré par plus d'une circonstance, sera déterminée immédiatement et avec précision, par des degrés une fois bien observés et marqués sur le tube de verre ; car, autant qu'il est permis de le conjecturer, sans avoir pour guide l'expérience, 1°. la sur-élévation du liquide refoulé variera suivant les diverses proues et sera néanmoins proportionnelle à la marche de chaque navire en particulier ; 2°. la moindre inclinaison du bâtiment, soit à l'avant, soit à l'arrière, viendra établir dans le tube une différence de hauteur en plus ou en moins, différence dont il sera toujours facile de tenir compte sur le champ, puisqu'elle ne saurait manquer d'être fidèlement indiquée ou par l'angle que formeraient deux perpendiculaires l'une à la quille et l'autre à l'horison, ou par la hauteur même de l'eau dans le tuyau-avant, ou de toute autre manière, etc.

NAVIGATION SOUS L'EAU. Le système de la nageoire, outre son application à la navigation généralement usitée, fournit encore, sans cesser d'être le même, les moyens extraordinaires, et pourtant naturels, de naviguer sous les eaux mêmes des rivières, des étangs, des lacs, et principalement des mers ; et c'est ainsi qu'il donne naissance à deux espèces de navigations identiques et tellement ressemblantes entr'elles, qu'elles ne se reconnaissent qu'à cela seul, que l'une, extérieure, a lieu au-dessus de l'eau, et l'autre, intérieure, au-dessous.

Cette dernière branche de navigation, qui repoussera plutôt qu'elle se conciliera l'opinion générale, et que l'on ne va aborder que pour se hâter d'en exposer les élémens grossiers et principaux, est déjà conçue toute entière, en admettant qu'un navire quelconque est à la fois susceptible d'être clos hermétiquement, et de porter intérieurement un moteur dont l'action se transmette au dehors. Or, on ne voit rien qui contrarie cette possibilité, osera-t-on dire, cette réalité ?

Entraîné par l'évidence, l'on n'a pas hésité de dire, et l'on répète, qu'à la faveur de la méthode nouvelle, tout navire naviguant sur toutes les eaux, peut être toujours, et par conséquent dans tous les cas utiles, fermé hermétiquement ; ici il le sera nécessairement. Toutefois ce n'est que d'après cet aperçu simple et sans autres données, que l'on entre en matière ; aussi marchera-t-on avec cette défiance et cette crainte qu'inspireront au premier voyageur les routes mêmes que l'on va tenter d'ouvrir.

(*Fig.* 28). Toutes les fois qu'il sera question de la forme à donner à un petit bâtiment plongeur, et surtout s'il devient utile de le faire marcher ou stationner sous l'eau à une grande profondeur, le choix ne sera pas douteux. Un énorme cylindre, avec le renflement du tonneau si l'on veut, composera son corps principal ; deux cônes de mêmes base et hauteur, et l'on pourra leur donner aussi un renflement quelconque, deviendront, l'une sa proue, et l'autre sa poupe. Tout ce qui s'ajoutera ensuite par nécessité ou utilité, ne sera vu par le constructeur que comme des applications superficielles tant à l'intérieur qu'à l'extérieur.

Ce petit navire est nécessairement revêtu, ou doublé, extérieurement et en entier, de feuilles de cuivre, dont l'épaisseur, ainsi que celle des bordages, comme encore la force des varangues circulaires, sera proportionnée à la distance qui devra être mise entre lui et la surface de l'eau.

La figure 28 donne en même tems toutes ses sections imaginables faites, selon sa longueur, par un plan passant par les deux sommets des cônes. Son corps, cylindre régulier, est exprimé par 1, 2, 3, 4; sa proue conique, sans renflement, par 2, 6, 4, et sa poupe, toute pareille, par 1, 5, 3.

La figure 29 est une coupe du corps principal, faite perpendiculairement à la fausse-quille qui lui sera appliquée; et la même figure, si on lui suppose des diamètres successivement plus petits, sera encore celle de toutes les sections verticales possibles de l'avant et l'arrière, selon la largeur.

Une grande caisse, ou cave, dont la contenance est le $\frac{1}{10}$ environ de celle du navire, régnera sous tout le fond de la carène. Elle portera le nom de *fausse-carène*. Ses formes, suivant deux coupes verticales, l'une faite par le milieu de sa largeur, et l'autre par celui de sa longueur, sont suffisamment exprimées par XX, 7, 8, 9, 10 (*fig.* 30), et X'X', 11, 12, 13, 14 (*fig.* 31). Son emploi principal est de contenir un grand volume, tantôt d'eau, et tantôt d'air comprimé. Sous ce double rapport, l'une de ses surfaces, ou intérieure ou extérieure, sera donc entièrement recouverte de feuilles pareilles, quant à l'épaisseur et la matière, à celles qui revêtent tout le bâtiment.

Mais en même tems elle peut être destinée à porter la partie, ou une partie, du lest le plus pesant. Son plan pris vers sa surface supérieure, est donné par la figure 32. L'on a cru devoir la diviser en 36 cases, dont 24 marquées par le chiffre 15, comprennent de l'air et de l'eau, et 12, portant le chiffre 16, sont réservées pour le lest. Un canal très étroit y, h, h', ménagé entre les douze cases du milieu, permettra une circulation suffisante aux fluides, air et eau, qui doivent se répandre successivement et également dans les 36 cases, par de petites ouvertures pratiquées non sans quelque précaution.

Par cette disposition, ou toute autre semblable, l'on parvient à trois buts satisfaisans. 1°. Toutes les parois verticales de ces compartimens, placées entre deux grandes bases, leur interdisent tout rapprochement. 2°. La fausse-carène isolément, pendant le tems qu'elle demeurera vide d'eau, sera encore plus pesante qu'un pareil volume de ce liquide déplacé par elle; car l'on suppose que son lest se composera en totalité de fer en gueuse, dont la pesanteur comparée à celle de l'eau, est dans le rapport de sept à un. 3°. L'eau, en quelque quantité qu'elle afflue dans la cave, ne saurait se porter ni subitement, ni en masse, de l'arrière à l'avant, et de l'avant à l'arrière, non plus que de babord à stribord, etc., pour provoquer et alimenter le tangage et le roulis; les cases ne se trouvant percées que de trous petits et peu multipliés, et les gros fragmens, composant le lest, ne laissant entr'eux que peu d'intervalles, s'y opposent invinciblement; sans pourtant gêner ni retarder son entrée et sa sortie qui ont lieu par un même orifice placé en h', et encore moins la circulation de l'air qui sort et entre par un tuyau aboutissant en y.

La figure 33, formée sur une plus grande échelle, et en cela semblable à la 24me, c'est-à-dire, à celle qui, ci-dessus, a facilité le plus l'explication des détails, offre à l'œil une section faite parallèlement à la surface de la nageoire déployée. La fausse-carène X'X', située entre la carène et la fausse-quille, donne passage au tuyau arrière TT'. Une écoutille Q, ou, si l'on veut, la plus grande partie du tillac, est momentanément ouverte. Tout ce que comprend en outre la figure, se trouve suffisamment connu.

Ce modique bâtiment, tel qu'on peut le concevoir construit d'après les six dernières figures, mais lesté convenablement, peut faire un assez bon chemin jusqu'au lieu où il devra disparaître sous l'eau. Là on remplace l'ajutoir T' du grand tuyau TT' (*fig.* 33), par un autre ajutoir moins simple T'T"T''' (*fig.* 34); en sorte que tout le tuyau intérieur vu dans la figure 33, devient celui que donne isolément la figure 34. Pour lors il renferme deux poulies jumelles placées intérieurement dans son coude T', et deux autres pareilles dans son deuxième coude T''. Les deux branches qu'il a acquises, savoir : T'T'' et T''T''', sont emplies de mercure jusqu'à une hauteur que détermine la profondeur à laquelle on a formé le dessein de naviguer. Si la différence des deux niveaux q et q' est de $7\frac{1}{3}$ pieds, l'on pourra s'enfoncer jusqu'à 100 pieds, et l'on descendra jusqu'à 500, si elle est de 37 pieds.

Et cependant les deux cordes ee et $e'e'$, qui meuvent les deux nageoires, parviennent à la roue AB sans embarras, et sans un obstacle plus grand qu'une augmentation de frottement causée par quatre poulies de renvoi (1); en un mot, il ne manque au navire plongeur, pour marcher sous l'eau, que d'y être placé.

Si le lest, qu'il porte déjà, et que l'on a dû répartir avec art, ne lui attribuait pas les $\frac{19}{20}$ ou les $\frac{39}{40}$ ou environ, du poids du volume d'eau qu'il va déplacer submergé tout-à-fait, un petit bâtiment lesteur, qui l'aurait accompagné, lui compléterait à peu près cette charge. Ce sera ensuite à sa fausse-carène de lui fournir le $\frac{1}{20}$ ou le $\frac{1}{40}$ manquant, et elle devra toujours être, par ses dimensions, très surabondamment capable de remplir cette tâche.

(*Fig.* 30). Un siphon $h\,\mathrm{R}\,h'$ traverse, par sa branche la plus longue, l'épaisseur de la carène et toute la fausse-carène, pour plonger, au-dessous du fond de celle-ci, dans l'eau extérieure. Par son autre branche, il pénètre et s'enfonce seulement dans l'in-

---

(1) Si l'on se contentait de donner aux nageoires le mouvement limité, mais pressé, que les poissons eux-mêmes impriment aux leurs, (car il sera rare que l'on ait le but de passer d'un lieu à l'autre avec la plus grande promptitude), dans ce cas toutes les branches de la corde seraient changées en verges métalliques fortement tendues, et les poulies en modiques leviers coudés à angle droit, assez conformes à ceux qui, dans les appartemens, s'appliquent aux sonnettes et à l'ouverture des portes. Une, deux, comme quatre, huit etc., nageoires adhérant et obéissant à la même tringle mobile dans la fausse-quille, et qui, pour lors, deviendrait leur arbre-manche commun, n'exigeraient rigoureusement que quatre petits leviers semblables à ceux dont il s'agit, savoir : un fixé à l'avant, un à l'arrière, et deux placés dans les coudes du tuyau complet (*fig.* 34). Enfin si l'on appliquait au mouvement des nageoires le moyen même par lequel sera mu le gouvernail, page 23, l'on se trouverait affranchi du grand tuyau, du mercure, des poulies, etc.

térieur **XX**. Il porte un robinet R. Tout près de lui est un modique tube yy' (1) qui, communiquant avec la fausse-carène, mais sans s'y enfoncer, se divise en deux branches, dont l'une est munie d'un robinet K, et l'autre non seulement d'un petit robinet r, mais encore d'une soupape intérieure s. Cette dernière branche, dont le diamètre est peu considérable, n'est qu'une tuyère à laquelle doit s'adapter une machine soufflante que l'on va supposer mise en place et en fonction.

Dans cet état (2) l'on ouvre le robinet R. L'eau entre dans la fausse-carène avec une vîtesse d'abord impétueuse, et ensuite ralentie à mesure qu'elle y comprime l'air. Son entrée même peut cesser tout-à-fait, et le bâtiment rester encore à flot, surtout si son tirant-d'eau est peu considérable. Mais ce n'est point là un inconvénient, c'est même un modique avantage. Pour lors on ouvre le robinet K, et l'eau continue à pénétrer dans la fausse-carène, en même tems qu'une partie de l'air contenu dans cette dernière, se répand dans toute la capacité du petit navire clos hermétiquement. Celui-ci ne tarde donc pas à trouver dans le volume d'eau produit dans sa fausse-carène, cette addition de poids, ou de lest, justement nécessaire à sa submersion totale. Le voici sous l'eau, les robinets sont fermés, les nageoires jouent, il marche.

Il ne doit pas errer au hasard. Il permettra donc aux hardis Navigateurs qu'il porte en ses flancs, de voir les objets extérieurs; mais là si rien n'est aperçu qu'à la faveur de cette lumière qui a traversé les deux atmosphères air et eau, ou de quelques lumières artificielles, d'un autre côté le navire est bien mieux dirigé que s'il naviguait sur le dos même de la mer; car désormais aucun vent ne le contrarie et ne courbe, tant soit peu, la ligne de sa route; il est soustrait à toutes les tempêtes; la mer n'a plus de houle; il s'est rapproché de l'habitation de Neptune que respectent les fureurs d'Eole; il est naufragé pour éviter le naufrage; et encore, sans rien perdre de cette faculté, qu'il avait sur l'eau, d'aller du centre à tous les points de la circonférence d'un vaste plan horisontal, il acquiert celle d'être porté du centre vers tous les points d'une surface sphèrique. Le voilà donc susceptible de directions infiniment plus nombreuses. Cependant, pour qu'il jouisse de ces prérogatives inouies, il faut lui fournir des yeux et un gouvernail.

OE, OE′ et OE″ (*fig.* 30) sont trois œil-de-bœufs. Ils peuvent être multipliés autant qu'ils seront utiles. Ils se composent d'un verre qui doit réunir à la convexité rigoureusement mi-sphérique, le plus d'épaisseur et de force possibles. Ils sont munis, chacun, d'une soupape de sûreté (3), espèce de paupière s'ouvrant et se fermant à volonté, mais surtout

---

(1) Un autre tube plus simple et qui se forme de la seule branche courbe y'K munie de son robinet, doit être placé à la proue ou à la poupe, au-dessus du chiffre 10 ou 7, autrement dans l'un quelconque des endroits où la fausse-carène a le plus de hauteur. Il suppléera au défaut de la branche même y'K, quand elle cessera de donner de l'air. C'est dire qu'il servira assez rarement.

(2) L'on n'omettra pas une chose aussi naturelle que nécessaire, celle de fermer avant tout et convenablement le tuyau-avant, lequel a pu être sous-entendu sans inconvénient dans les dernières figures, et qui au reste est indiqué par T¹ (*fig.* 23).

(3) De telles soupapes, qui sont conseillées par la prudence et doivent être construites par l'industrie, ne sont pas les seules. Le col de l'orifice T‴ du tuyau composé (*fig.* 34) comprendra de même une soupape de sûreté, dont la force est suffisamment indiquée par son emploi. Si donc le

prête à jouer dans le cas où le verre serait brisé par accident. Afin de ne pas être exposés à plus de risques que les yeux mêmes des poissons, ils ne doivent guère saillir au-delà des bordages, excepté le principal Œ U qui, presque nécessairement, sera tout en dehors, et se nommera *l'œil du Pilote*.

Le gouvernail G (même figure) ne saurait produire son timon ordinaire dans le navire ; mais de même que la clef du robinet R peut tourner sans qu'une goutte d'eau entre dans le bâtiment, de même aussi le boulon 17.18. traversant une boîte métallique *d d'* enchassée dans le bordage, et devenant l'axe forcé du petit rouet 18., peut, faisant un quart de tour à droite et autant à gauche, imprimer un pareil mouvement au gouvernail G sur son gond 19.20., au moyen d'une double corde ou tringle *t*, et d'un second rouet 19.

La corde ou verge de fer *t*, et les deux rouets 19. et 18., doivent être renfermés dans un simple et même tuyau de tôle. Une haie de planches lisses et de peu d'épaisseur 21.22.23.24., sert à diriger l'eau sur le gouvernail. La jambe forte 25.26. maintient le long boulon 17.18. dans la verticalité nécessaire, et le levier *u* U tient lieu de timon.

Près de ce timon se trouve donc le Pilote qui, à l'aide de la boussole, et pouvant introduire sa tête dans l'œil-de-bœuf Œ très saillant au-dessus du tillac, manœuvrera avec non moins d'aisance et aussi sciemment qu'il pourrait le faire sur l'eau même. Et il est bien d'observer que le navire immergé, 1°. le sera toujours à une profondeur rigoureusement mesurée et connue, le tuyau-arrière étant un excellent indicateur ; 2°. qu'il le sera à la profondeur désirée ; de là une route horisontale, ou inclinée à volonté, soit au fond de la mer, soit à sa surface ; 3°. qu'il descendra et remontera avec cette mesure de vitesse que l'on voudra choisir et préférer, et pour ce, les moyens se montrent faciles et abondans. En effet, un seul homme placé entre les deux robinets K et R (même figure), accélère la descente en les ouvrant, et il peut les tenir ouverts à tous les degrés ; tandis que la machine soufflante en action la retarde, et l'on peut aussi à tous les degrés en modérer le jeu. D'un autre côté, s'il s'agit d'ascension, les robinets ouverts, encore de la quantité voulue, la ralentissent, en même tems que le ventilateur, dont les mouvemens sont modifiés à propos, la rend plus prompte.

Cependant les routes inclinées au-dessous comme au-dessus de l'horison, doivent s'achever en moins de tems que celles qui seraient faites suivant la ligne horisontale même. Par exemple, qu'il soit question de se porter de la profondeur V au point élevé B (*fig.* 35)? d'abord le navire V, dans tous les pas de la route, ne perd rien de la situation

---

mercure ou plutôt l'eau était sur le point de se répandre ou se répandait dans le bâtiment, accident qui n'aurait lieu que lorsque, faute de précaution, on descendrait à une profondeur plus grande que celle que l'on se serait proposée, ou, en d'autres termes, que celle qui correspondrait à la colonne de mercure qui pourrait s'établir dans toute la branche T″ T‴ ; alors, et sur le champ, les deux cordes seraient coupées en T‴, et la soupape abandonnée à son ressort, ou à l'impulsion du fluide, interdirait à celui-ci toute communication.

Tout moyen de sûreté ne saurait être surabondant dans le cas actuel. C'est pourquoi l'on ne négligerait pas d'adapter une pareille soupape à l'orifice intérieur T de la première branche TT′, ou, ce qui serait préférable, un peu au-dessous, l'on veut dire au trou même pratiqué dans la carène ; mais cette dernière soupape devrait être à tiroir.

horisontale que lui donne éminemment le puissant lest qui le tient submergé ; et si la nageoire tend à le diriger suivant la ligne VD , la machine soufflante , au même instant , venant à remplacer dans la cave , ou fausse-carène , quelques pieds cubes d'eau par une pareille quantité d'air , l'appellera directement en C. De sorte que le navire obéissant simultanément à deux impulsions aisément rendues égales dans le cas que le carré CBVD soit parfait , ou inégales , et alors proportionnelles aux côtés de tous parallélogrammes , décrira la diagonale VB aussi promptement qu'il eût décrit la ligne VD , ou , en d'autres mots et dans l'hypothèse même fournie par la figure 35 , parcourra 100 toises au lieu de 70 , à très peu près.

Sans doute la célérité de la marche ne sera pas de long-tems le but principal d'une semblable navigation ; aussi est-ce sans une peine extrême que l'on a vu l'addition de quatre poulies de renvoi , entravant quelque peu la corde appartenant aux nageoires (ou à une seule nageoire qui sera suffisante dans mille cas) , et absorbant en frottement une certaine portion de la force motrice. Pourtant , l'expérience , ce juge suprême , aura à prononcer si ce genre d'obstacle n'est pas , d'un autre côté , compensé , soit en partie , soit en totalité , et même s'il ne se trouve pas plus que racheté. L'eau , dans le cas dont il s'agit , fond sur tous les points de la poupe , n'en épargnant aucun , et là son action doit être égale à celle qu'elle éprouve elle-même simultanément et un peu plus loin de la part de la proue ; mais dans la navigation ordinaire , une énorme quantité de ce fluide , à cause du vaste sillon ouvert rapidement et assidument par le navire , n'a pas le tems de se replier sur l'arrière de celui-ci pour le frapper , tandis que son avant heurte non seulement toute la colonne d'eau qui se présente , mais encore toute la quantité dont elle se hausse ou qu'elle amoncèle devant lui , en sorte que les deux niveaux de l'eau , pris très immédiatement , l'un devant la proue , et l'autre derrière la poupe d'un gros vaisseau , à l'instant de la plus grande vélocité de son sillage , donne une différence souvent égale à 10 pieds.

La même expérience , autant que la vraisemblance peut ici tenir lieu de certitude , dira que les petites et diverses quantités de poids qui sont à soustraire au navire plongeur M (*fig.* 35 , et l'on remarque , dans la petite figure M , que tout le lest se trouve porté et accumulé à la poupe même du navire) , afin qu'il monte verticalement au point C' dans des instans plus ou moins courts , sont exactement la mesure de l'effet dynamique du moteur qui doit transporter le navire N horisontalement en D' dans des tems égaux ; et ce serait ainsi qu'en signalant la facilité avec laquelle un bâtiment , tout plongé dans l'eau , s'y ouvrirait un chemin , elle ne manquerait pas de jeter une grande lumière sur la résistance des fluides , du moins sur celle du fluide non compressible , eau. Elle aurait donc appris enfin que toute la fonction du moteur se réduit à compenser l'effet des frottemens du fluide sur toutes les parois du bâtiment immergé , dût cet effet croître dans une progression autre que celle des nombres exprimant les vîtesses , progression qu'elle ne laisserait pas de faire connaître en même tems ; tandis qu'une puissance quelconque impulsant un vaisseau sur la mer , outre ce dommage assidu à réparer assidument , a aussi à vaincre le puissant obstacle que vient établir la fatale différence des deux niveaux arrière et avant dont on achève de parler.

L'expérience encore ira jusqu'à dire , si l'on peut , sans provoquer le rire , faire une chasse utile et active aux gros poissons de mer , à l'aide des nageoires mêmes qu'on leur a dérobées , et à la faveur de leur forme dont on s'est presque revêtu , et dont on ne saurait trop se rapprocher. Dans ce cas singulier, on aurait le plus souvent à lutter avec eux de vîtesse ; la proue serait armée d'un éperon assez aigu pour ouvrir d'abord la plaie la plus profonde, et de plus empli, en quelqu'une de ses parties introduites ; de matières fulminantes qui, par leur explosion dans l'intérieur du corps du monstre le plus colossal, le frapperaient d'une mort certaine et prompte. L'on emploîrait en outre des armes à feu telles que le fusil, etc., chose qui, dans un bâtiment même tout plongé dans l'eau et clos hermétiquement, ne présente pas une difficulté réelle dans l'état actuel des connaissances physiques, et qui, en conséquence, ne saurait arrêter un moment. Mais il faudrait saisir la proie tuée ou blessée, et l'explication de la figure 36, donnée incessamment, en fournira les moyens.

L'art de la guerre maritime saura plier le présent procédé aux expédiens qui lui sont propres, et qu'il serait ici, sinon hors de propos, du moins inutile et long, de signaler ; mais s'il arrivait que la méchanceté des hommes n'en tirât aucun parti, c'est qu'à coup sûr il serait ou bien précaire, ou d'impossible exécution.

Toutefois dans les tems de paix comme de guerre, mais si la construction du navire a satisfait abondamment à toutes les conditions à la fois dictées par la prudence et exigées par le calcul, l'on pourra, comptant pour rien le danger, et pour tout l'espoir d'un butin immense, visiter et reconnaître les fonds accessibles de beaucoup de mers, y trouver des productions, dans les trois règnes, connues et surtout ignorées, y chercher des trésors naturels, et ceux que les abîmes ont engloutis depuis 3 mille ans et plus. Ce sont là les nombreuses toisons d'or qui attendent de nouveaux Argonautes. Seraient-elles abordées et non recueillies ?

La figure 36 fournit la coupe d'un navire plongeur, faite, selon la largeur, perpendiculairement à la fausse-quille, par un plan traversant deux centres de gravité qui doivent se confondre, savoir : celui du navire, et celui de tout le lest. Elle donne aussi la coupe de deux cloches marines WÆ et W'Æ', faite suivant la perpendiculaire de leur hauteur. On voit dans la figure 37 les deux plans Æ et Æ' de ces dernières, pris un peu au-dessus de leurs bases.

Ainsi que l'indiquent les deux figures à la fois, ces deux cloches sont fortement fixées aux flancs du bâtiment et à ceux de la fausse-carène. Leurs bases (*fig.* 36) dépassent la fausse-quille de 6, 9 ou 12 pouces, afin de ménager une retraite où les nageoires désarmées viennent se réfugier dans toutes les stations qui peuvent avoir lieu au fond des mers. Au pourtour et intérieur et extérieur de leurs vastes orifices, sont implantés des crochets qui servent autant à suspendre des poids également distribués, qu'à fixer à propos tout l'appareil au fond de l'eau. Leurs sommets se prolongent en cylindres Z et Z', communiquant avec l'intérieur du navire par des ouvertures circulaires O et O' pratiquées aux extrémités de son diamètre horisontal. Ces deux cylindres assez irréguliers comprennent, chacun, deux grandes et fortes soupapes v et w, v' et w', prenant la forme mi-sphérique et s'ouvrant intérieurement. La première est située à l'ouverture commune et s'applique sur elle, et la deuxième au-dessous, à la distance de 30 pouces environ.

Des hommes devant faire l'office de plongeurs et s'introduire dans les cloches, se placent d'abord, comme tout le monde, dans l'intérieur du bâtiment, et là jouissent d'un air qui ne diffère guère de l'air atmosphérique, durant tout le tems qu'ils doivent demeurer oisifs.

Ils peuvent cependant prêter la main à une opération qui les regarde, à celle de faire descendre l'eau, plus ou moins élevée dans les cloches, jusqu'aux bords de leurs orifices, à l'aide de la même machine soufflante déjà employée. En effet, celle-ci non seulement pénètre, comme il a été dit, dans la fausse-carène par le modique tuyau à robinet et soupape rsy' (*fig.* 30), mais elle communique encore, par un second tuyau garni de même d'un robinet et d'une soupape (que l'on se permet d'omettre dans la figure), avec les deux cloches, c'est-à-dire, avec le conduit circulaire très étroit $œ œ œ$ (*fig.* 36), situé extérieurement pour l'équilibre de l'air et son libre passage d'une cloche à l'autre.

C'est d'ailleurs par un semblable expédient que l'on parvient à se défaire de l'air provenu de la cave, et à le prêter très utilement aux cloches, pour qu'elles le rendent ensuite à propos, alors qu'il s'agira de remonter.

Les cloches une fois mises en cet état qui donne lieu à l'exploitation la plus aisée, à peine a-t-on aperçu des objets de quelque valeur, que l'un des plongeurs s'achemine à son poste. Il ouvre sans difficulté la première soupape v, et, la refermant, il se tapit dans l'espèce de niche Z. L'ouverture de la deuxième soupape w ne présente pas d'abord, à beaucoup près, la même facilité. Si son diamètre est de 18 pouces, et si la profondeur, à laquelle on se trouve parvenu, est seulement de 100 pieds, elle porte un poids qui n'est pas inférieur à 12 mille livres. Le plongeur tourne donc la clef 3 d'un petit robinet placé au centre même de cette soupape. En un instant l'air de la case Z devient celui des cloches. Pour lors le plongeur ouvre la soupape, passe, la referme et descend à l'orifice Æ.

Là, à mesure qu'il recueille les objets de quelque prix offerts à sa vue, il les attache ou à des cordes qui partent de la surface de l'eau, sur laquelle elles se trouvent fixées soit par de grosses pièces de liège, soit par des tonneaux vides, etc.; ou à une corde principale placée dans la cloche même, et qui devra se dérouler en même tems que le bâtiment remontera; ou encore à des cordes semblables à cette dernière, mais attachées par un bout à la fausse-carène, etc.; ou bien il les suspend à de nombreux crochets que portent les cloches tant intérieurement qu'extérieurement (*fig.* 36 *et* 37); ou enfin, s'ils sont de petit volume, il les serre dans des poches dont il a dû se pourvoir.

La pêche achevée, et il est naturel de penser qu'un autre plongeur en a fait une pareille dans la deuxième cloche W'Æ', et même que deux, ou trois, ou quatre, etc. plongeurs ont opéré ensemble dans chacune des cloches, lesquelles sont évidemment susceptibles des dimensions les plus grandes, et de plus, d'être portées au nombre de quatre, ou six, ou huit, etc. et flanquer à la fois le même bâtiment; la pêche achevée, dit-on, le plongeur reste dans la cloche pour en sortir à la surface de l'eau, si l'on remonte de suite. Mais il a la liberté de rentrer dans le navire, celui-ci continuant, ou non, ses incursions au fond de la mer. Veut-il rentrer? il remonte à l'aide des crochets; parvenu en W, il fait jouer sans le moindre effort la soupape w, et la referme, se nichant de nouveau dans la case Z; là il tourne la clef 2 du petit robinet appartenant à la soupape supérieure, et laisse s'écouler une minute qui suffit à l'air de la niche Z pour se mettre en équilibre avec celui respiré dans le bâtiment; après quoi, ouvrant la soupape v, il est rendu à l'intérieur du navire.

Cependant il n'aura introduit avec lui qu'une quantité d'air à peine digne de remarque et d'être reportée dans les cloches par une aspiration de la machine soufflante, si l'intérieur de la case Z, au moyen de remplissages, ne forme que le moule juste du corps humain dans une attitude quelconque, et conséquemment la moins gênante.

C'est là en raccourci la navigation sous les eaux de la mer, des rivières, etc. A la vérité elle ne se trouve appuyée par aucune expérience ; elle est toute idéale, quelque acception que l'on se plaise à donner à cette épithète ; tandis que celle qui a lieu à la surface de l'eau par le même procédé et avec la condition d'un lest moins pesant, est déjà confirmée par des expériences soignées, méthodiques et peu équivoques. Aussi cette moitié d'un même système, et que l'on peut nommer *navigation intérieure* autant à juste titre que pour la distinguer de l'autre moitié, laisse-t-elle à désirer une infinité de choses parmi lesquelles on rangera celles qui, en bon nombre, n'ont pas dû trouver place dans un exposé aussi limité, et celles encore, en bien plus grand nombre, qui n'ont pas été aperçues, mais seront naturellement fournies par la pratique aussi habile à perfectionner les théories qu'elle est prompte à en faire justice. Bref, la description d'une pareille méthode, pour être fidèle, complette et mériter toute confiance, devrait être rédigée dans le navire même plongé et sillant à 100 mètres au-dessous du niveau de la mer.

ADDITION

A LA NAVIGATION EN GÉNÉRAL,

OU

NOUVEAU SYSTÈME DE NAVIGATION

TANT MARITIME QU'INTÉRIEURE.

MÉMOIRE A L'APPUI.

L'APPLICATION de la boussole à la marine et, par suite, les expéditions lointaines; le perfectionnement des armes à feu et, par suite encore, les plus gros canons placés sur les navires, ont nécessité des bâtimens de hauts-bords. Ainsi a été comme brisée la rame dont les Grecs et les Romains, sous le double rapport des conquêtes et du commerce, tirèrent un si grand parti, qu'ils avaient eux-mêmes empruntée de Nations plus anciennes, et qui, depuis eux, durant près de deux mille ans, n'a cessé d'accompagner la voile du vaisseau de guerre, tantôt lui servant d'auxiliaire, alors que le vent était foible ou contraire, tantôt la suppléant tout-à-fait, pendant les calmes. Aujourd'hui cette rame se borne à mouvoir des chaloupes, et quelques frêles embarcations qui ne perdent guère la terre de vue; elle est demeurée ce qu'elle était dans les premiers âges du monde; aussi a-t-elle été rejetée de tout navire devenu digne d'entrer en lice pour appuyer les prétentions de chaque Peuple au plus vaste et important de tous les domaines, à celui des Mers.

C'est à grands pas que la marine moderne est parvenue à cet état de grandiose qui de nos jours semblerait attester qu'elle est à celle des Anciens, comme cent est à un; et cependant la voile s'est constamment prêtée à tout cet accroissement colossal; mais la rame n'y a pris aucune part : elle a été écartée avec la dernière galère.

Peut-être que si le système de la rame eût été aperçu sous un autre jour, et encore, sous ce nouveau jour, s'il eût fait le plus grand chemin vers ce perfectionnement que donne l'expérience, la marine en général aurait pris, dans un sens différent, un accroissement encore plus rapide et prodigieux, et aurait offert au Navigateur plus de sécurité et de célérité, et au Guerrier de mer plus de moyens d'attaque et de défense : peut-être que le trident de Neptune n'aurait pas été saisi par l'une des Nations les moins populeuses de l'Europe, etc., etc.

Ce n'est pas qu'un grand nombre de théoriciens, et cela dans toutes les eaux et dans tous les tems, n'aient à l'envi recherché un instrument meilleur que la rame connue; mais le succès a mal répondu à l'attente, et leurs nombreuses tentatives, au contraire, n'ont servi qu'a prouver, plus évidemment, que la rame des Anciens était encore ce qu'il y avait de mieux pour faire marcher un petit bâtiment, sans le secours de la voile. Néanmoins la méthode à la fois simple et puissante, présentée aujourd'hui, aura un sort plus heureux. Les essais ont donné ce qu'on n'eût osé espérer : le courage a redoublé avec le succès, et, d'après des expériences suffisantes et aussi *en grand* qu'il a été au pouvoir d'un particulier, il a paru constant :

1° Que le procédé nouveau est également admissible dans des bâtimens de toutes espèces et de tous bords, depuis le vaisseau portant 130 pièces de canons jussqu'au canot, et, sur les Rivières, depuis l'énorme bateau de charge jusqu'à la nacelle la plus légère.

2°. Qu'admis dans une corvette privée de ses voiles, mâts, etc. ainsi que dans tout autre bâtiment où l'on aurait pour objet principal la plus grande rapidité du sillage, il leur fera faire *au moins* quatre lieues par heure, le vent, les courans et la marée étant censés n'agir ni pour ni contre.

3°. Qu'admis aussi dans un navire, toujours de la même espèce, mais qui aurait repris ses voiles, il en accélérera la marche en raison de toute la puissance qui vient de lui être attribuée, et cela également à tous les degrés, même les plus extrêmes, de la vîtesse résultante de l'action du vent.

4°. Qu'il peut encore n'être adopté que temporairement, toujours par le même navire sous ses voiles, c'est-à-dire, ne l'être seulement que dans des cas d'utilité, d'urgence ou de détresse, et ce serait ainsi que, durant un calme de vingt jours, il lui ferait parcourir deux mille lieues en ligne droite.

5°. Qu'admis dans toutes espèces de bâtimens de charge, il leur imprimera, en général, depuis les $\frac{1}{2}$ jusqu'aux $\frac{7}{10}$ de la vîtesse citée.

6°. Qu'ensuite, s'il est employé dans une chaloupe, celle-ci remorquera un bâtiment avec autant d'aisance et d'action que le feraient ensemble six chaloupes mues par leurs Rameurs ordinaires.

7°. Que si le modique appareil exigé par lui, se plaçait dans un petit bâtiment qui eût son bord très bas ou tout-à-fait à fleur d'eau, et qui fût d'ailleurs rasé, de forte construction, mais absolument clos par un tillac, de telle sorte qu'aucun objet quelconque ne parût à son extérieur peint lui-même, si l'on veut, de la couleur des flots, pour mieux se confondre avec eux. Cette espèce d'embarcation humble et imperceptible deviendrait le corsaire le plus vîte et le plus redoutable qui eût jamais infesté la haute mer, bravé les gros tems avec une entière sécurité, et couru à une proie certaine : elle échapperait à l'œil, passerait à travers les flottes ennemies, marcherait contre le vent à l'action duquel tout son corps presque enseveli dans l'eau se trouverait soustrait, ravitaillerait telles places bloquées, surprendrait certains points d'une côte en état de défense, attaquerait à propos ou éviterait le combat, reconnaîtrait les rades et les ports, se jetterait sur toutes les plages, etc., etc.

8°. Enfin, que si le même procédé, parce qu'il en est aussi parfaitement qu'avantageusement susceptible, admet pour moteur une machine à feu, il remplira tout l'objet de la navigation intérieure la plus heureuse et la plus active, et venant restituer avec usure à la France, tout ce qui lui a été dérobé par l'Amérique, dans l'invention des roues-à-rames-tournantes, et lutter avec celles-ci, *au moins,* avec l'entier avantage qu'il a sur la rame vulgaire, il fera marcher contre les courans des rivières, et naturellement avec une vîtesse d'autant plus grande que le fluide offrirait une moindre impétuosité, des bateaux qui seraient sans difficulté construits *ad rem*, et qui remorqueraient eux-mêmes les plus lourds bateaux de charge, ou transporteraient des Voyageurs à toutes les distances ; comme encore il donnerait une célérité extrême à des paquebots et autres navires, et irait jusqu'à les rendre presque impérissables et ainsi très propres aux plus longues traversées, ou à se porter en pleine mer aussi loin que le permettrait la quantité du combustible dont ils se trouveraient chargés, etc., etc.

Tous ces résultats importans, et qui eux-mêmes ne manquent pas d'en faire conclure une infinité d'autres, sont dus tout simplement à une méthode aperçue sous un jour meilleur, et assez heureux pour qu'elle cesse de recéler les trop nombreuses et graves défectuosités dont semble se constituer tout entier le système ancien ; car si l'on est parvenu, dans le Mémoire descriptif, à faire remarquer une différence grande entre la rame et la nageoire, comme machines cherchant leur point d'appui dans l'eau, celle qui va nécessairement s'établir entre leurs effets ou produits dynamiques comparés, sera trouvée immense.

IMMENSE SUPÉRIORITÉ DE LA NAGEOIRE

SUR LA RAME,

OBSERVÉE DANS LEURS SYSTÈMES COMPARÉS,

CONFIRMÉE PAR DES EXPÉRIENCES FAITES,

ET APPUYÉE PAR LE SIMPLE CALCUL.

LEURS SYSTÈMES COMPARÉS. LA mécanique des rames ordinaires est très imparfaitement connue, l'on serait presque autorisé (1) à dire qu'elle ne l'est pas du tout. Cependant le nouvel instrument, dans la comparaison qui va suivre, rendant saillantes les nuances principales qui peuvent être saisies dans toute leur action, et mettant en évidence leurs défauts en général, donnera à connaître qu'il en est affranchi lui-même, à une exception près ; et qu'en outre il se rend propres des avantages nombreux, d'un grand poids, et qui furent de tous tems interdits à tous les systèmes non seulement de rames, mais encore de navigations.

Les défauts essentiels, qui déposent et militent contre le plus grand succès de la rame, sont, chose qui pourra surprendre, au nombre de dix, et l'on pourra compter jusqu'à six avantages bien distincts, attribués exclusivement à la nageoire.

Cette comparaison, qui va former une espèce de preuve provisoire, devient toute nécessaire. Sans elle seraient peu justifiés les résultats livrés par les essais qui ont eu lieu

---

(1) « Quelque simple que soit l'action des rames, il n'est pas aisé de l'expliquer. Je ne sache pas » que depuis qu'ARISTOTE s'y est trompé dans ses problèmes, on ait donné jusqu'à présent une expli- » cation exacte de la mécanique de cet instrument. » C'est là ce que disait BOUGUER il y a 70 ans (*Traité du Navire, fol.* 103), et l'on peut le répéter même aujourd'hui ; car il n'est guère probable que quelqu'un ait eu le soin ou l'occasion, ou, afin de parler plus juste, la longue et stérile patience d'examiner de près et d'approfondir un système encore plus difficile et compliqué qu'il paraît, de prime-abord, l'être peu.

jusqu'à ce moment. Sans elle seraient mal expliqués ceux que fournira le calcul. En un mot, sans elle ce Mémoire ne présenterait qu'un tissu d'assertions gratuites. La voici :

1°. Dans toutes espèces de bâtimens un peu considérables qui sont encore mus par la rame ancienne, celle-ci, comme il a été dit, prend son appui dans un double courant, ou dans deux courans réunis, l'un respectif et l'autre réel; et cependant la nageoire, opérant au-dessous du navire, n'y trouve que le courant respectif. Si donc, dans la pensée, l'on supprime ce dernier pour l'une comme pour l'autre, il doit s'ensuivre que la nageoire rencontrera ses points d'appui dans une eau toute stagnante et fixe, tandis que la rame ne les saisira que dans des eaux encore très courantes, si le bâtiment a, à peu près, toute sa marche, seul cas qui doive être ici considéré, les autres important fort peu. Ainsi il est manifeste que cette dernière perdra, en une vîtesse égale à celle du courant réel, une grande partie de son action, pour courir après un appui fugitif, l'atteindre, le saisir, et le saisir à ce même degré de résistance et de stabilité, qu'il est effectivement et immédiatement trouvé par la rame nouvelle.

2°. Lorsque les rames sont employées en grand nombre, un autre vice physique se trouve encore puisé dans le lieu même qu'elles occupent. En effet, rangées à la suite l'une de l'autre, et l'on peut en concevoir jusqu'à 32 semblables à celles d'une galère réale d'autrefois, elles plongent toutes dans une étendue d'eau bien déterminée et constamment la même respectivement au navire, laquelle sera considérée comme *leur lit propre*, ou comme *leur baignoire commune*, où elles observent entr'elles la trop petite distance de 3 pieds 10 pouces. (Voy. BARRAS, *Dissert. fol.* 34). Cela posé, la première de toutes, l'on entend la plus rapprochée de la poupe, ne saurait agir dans ce lit sans y rendre plus foible l'appui cherché et poursuivi par la rame suivante; celle-ci nuit de même à la troisième; cette dernière à la quatrième, et ainsi de suite jusqu'à la trente-unième, qui, ni plus ni moins que les précédentes, chasse et soustrait une grande quantité de cette portion de liquide destinée à former l'appui de la dernière. Il devient donc clair que les 32 rames sont bien loin de rencontrer dans l'eau 32 fois la résistance qui composerait tout l'appui de l'une d'entr'elles, si elle était employée ou toute seule, ou à une distance convenable des autres.

Et c'est là effectivement ce qui semblerait fournir le moyen indirect d'expliquer cette excessive vîtesse avec laquelle marchaient les vaisseaux de guerre des Anciens, qui, employant des rames de 3, 4, 5, etc. longueurs différentes (car l'on admettrait l'hypothèse des ordres superposés); devaient par là même, et non différemment, se rendre propres trois avantages assez notables.

Et d'abord le lit, ou ce qui vient d'être nommé *le lit des rames*, avait, en largeur, une étendue bien plus considérable; de là une plaine d'eau vaste et toute mise à contribution pour fournir largement aux appuis qui, de la sorte, se trouvaient pris sur un immense échiquier, et non tous misérablement sur une même ligne.

Ensuite celles de leurs rames qui étaient d'égale longueur, ne pouvaient qu'être plus distantes entr'elles et par conséquent se nuisaient beaucoup moins l'une à l'autre.

Enfin, chose qui n'a jamais été douteuse, un bien plus grand nombre de Rameurs se trouvait employé.

Mais quelque bien ou mal fondée que soit l'infériorité des rames modernes comparées aux anciennes, il n'en demeure pas moins évident que celles-là appauvrissent considérablement l'effet attendu de leur action, et par leur rapprochement et par leur disposition selon la ligne droite, tandis que deux comme quatre nageoires, et même un plus grand nombre quelconque, sont pleinement justifiées d'un reproche semblable, sans qu'on ait besoin de faire observer qu'elles fonctionnent alternativement.

3°. Il a été facile de reconnaître que la nouvelle rame agit, à très peu près, sans interruption; mais on sait que l'ancienne est plus long-tems hors de l'eau que dans l'eau; on devrait dire *beaucoup plus long-tems;* car les Algarves, en Portugal, qui de l'aveu de tous les Marins, sont aujourd'hui les premiers Rameurs du Monde, mettent entre un coup de rame et le suivant, tout le tems qu'il faut à leur barque très allongée pour qu'elle ait franchi un espace égal à sa longueur, évitant par là de frapper deux fois la même eau froissée.

BOUGUER (*Traité du Nav. fol.* 107) dit que « de trois secondes il n'y en a effectivement » qu'une d'employée utilement à procurer la vîtesse du sillage ». Ce grand Mathématicien, après avoir donné une formule qui ne conserve à la rame que le tiers de son action, ajoute : « L'action des Rameurs est à peu près la même que s'ils agissaient sans inter- » ruption, mais qu'il n'y eût que le tiers qui agît dans chaque instant ». (*Idem, fol.* 115).

L'espace parcouru en vertu de l'action des rames, est donc égal à la racine carrée de 1, au lieu de l'être à celle de 3; et pourtant ce n'est pas là, peut-être, leur côté le plus défectueux.

4°. Les rames ordinaires décrivent sans cesse dans l'eau une ligne à la fois courbe dans les deux sens horisontal et vertical, ou, si l'on veut, l'arc d'un cercle incliné, qui évidemment ne profite au mouvement transmis au bâtiment, qu'en raison de la longueur de sa corde. Ce premier dommage se trouve lié à un deuxième plus considérable encore, savoir : l'entrée des rames dans le fluide et leur sortie, entrée et sortie qui se répétant autant que les palades, exigent assidûment et particulièrement une force agissante de haut en bas et de bas en haut, toute perdue pour la marche du navire. Mais la nageoire, heureusement bien différente, parcourt sans altération une ligne droite, horisontale, et ne sort jamais de l'eau.

5°. Le Rameur ancien est tenu de porter, ou de faire mouvoir sa rame quand elle est hors de l'eau, et aussi de la contenir dans ce fluide pour l'empêcher de dévier de cette sorte de ligne qu'elle doit y parcourir. Ainsi lorsque dans une galère, par exemple, cinq Forçats étaient courbés sur une puissante rame (elle avait 37 pieds de longueur), le port d'une partie de cette rame et sa *contention* absorbaient tout l'effort de l'un d'entr'eux, autrement le $\frac{1}{5}$ de l'effort de chacun. Telle est l'estime des Marins. En sorte que, d'après eux, 20 pour 100 de la force motrice étaient, comme ils le sont encore, dépensés en pure perte.

En effet, quelles que soient les proportions données à tout le corps de la rame, et quel que soit aussi son point de contact avec la bande du navire, ses deux parties, l'une intérieure et l'autre extérieure, ne peuvent conserver un équilibre parfait, puisque la pale plongée à chaque instant dans le fluide, forme elle-même un poids qui doit être ou en plus, ou en moins, qui ne saurait être balancé ou diminué en aucun cas, et qui devient d'autant plus considérable, qu'il se trouve situé à l'extrémité d'un levier plus long. Or ce poids équivaut à 40 livres environ pour le Rameur placé au milieu des cinq; ce qui semblerait prouver que l'évaluation des Gens de mer est trop foible (1).

Doit-on ajouter que dans une galère, c'est-à-dire, dans l'espèce de grande embarcation la plus parfaite sous la rame, les Forçats quelquefois, et pour la cause la plus légère, s'embarrassaient mutuellement (2), et que ceux qui se trouvaient les plus éloignés ou les plus rapprochés du bout du genou de la rame, avaient un grand désavantage, puisque le dernier de tous n'était distant de la bande que de $4\frac{1}{2}$ pieds, en même tems que le Vogue-avant était contraint de travailler avec des mouvemens excessifs qui le mettaient bientôt en sueur?

Maintenant si, d'un côté, l'on jette les yeux sur les Rameurs de nouvelle espèce, on pourra sans erreur les considérer comme placés tous aussi avantageusement les uns que les autres, comme occupant le meilleur poste possible, comme ne devant s'embarrasser en aucun cas, enfin comme ne portant jamais un fardeau quelconque.

Mais si, d'un autre côté, on vient à comparer les frottemens qui ont lieu dans les deux systèmes, on ne manquera pas de reconnaître qu'ils sont plus considérables dans le nouveau, et que de plus il faut y rappeler, soit au milieu, soit à la proue du navire, la deuxième nageoire fermée; deux imperfections qui doivent devenir moindres à mesure que l'on perfectionnera chaque partie de la machine, comme à mesure que l'on opérera plus en grand, et qui néanmoins sont de la nature de celles qu'un auteur est toujours porté à pallier ou estimer trop bas, et qu'il doit, pour ce, soumettre au jugement des autres.

6°. La rame ancienne compterait encore une triple défectuosité de moins, et se rapprocherait d'autant de la nouvelle, si elle frappait l'eau sans obliquité aucune. Pour ce, il faudrait d'abord que dans son mouvement elle formât un angle constamment droit avec la quille, ce qui n'a lieu que dans un instant infiniment court et au point milieu de la ligne décrite dans l'eau; car c'est alors seulement que son action cesse de se décomposer en deux, et se trouve, bien fugitivement sans doute, en harmonie avec le sillage. Il faudrait de plus qu'elle heurtât ou repoussât tous les filets du liquide parallèlement à l'horison, condition assez imparfaitement remplie par la courbe ou l'arc qu'elle engendre dans l'eau en s'y enfonçant plus ou moins. Enfin, il faudrait que sa pale, au lieu d'être arrondie, présentât une surface exactement plane. Il est vrai qu'alors elle entrerait dans l'eau, comme elle en sortirait, avec plus de difficulté; mais une défectuosité ne devient pas nulle par cela qu'elle en remplace une plus grave.

7°. Chercher toujours un point d'appui précaire vers la surface de l'eau, souvent le

----

(1) « Cinq rameurs, mis aujourd'hui sur chaque rame dans nos galères ordinaires, ont assez de » peine à la manier, quoiqu'elle n'ait que 37 pieds de longueur; bien que l'on soit parvenu par une » longue expérience à la situer d'une manière plus propre et la moins pénible au maniement des » rames ». (BARRAS, *Dissert. fol.* 55).

(2) BARRAS dit (*Dissert. fol.* 33) : « Dans nos galères, les rameurs s'embarrassent, soit par le défaut « de celui qui tient le bout de la rame et qui en règle le mouvement, soit qu'il soit contrarié par les » autres rameurs ou par l'agitation des vagues, il est certain que nos rameurs s'embarrassent quelque-» fois ».

mal saisir parmi les vagues , être contrarié par l'haleine des vents quoique foiblement animés, et ensuite condamné au repos pour peu qu'ils viennent à se courroucer, voilà le sort de la rame ordinaire ; mais la nageoire est soustraite à tous les inconvéniens de ce genre : située à une assez grande profondeur, l'appui qu'elle y rencontre est d'autant plus ferme , que la colonne du liquide qui se trouve au-dessus d'elle , a plus d'élévation , et l'oppresse, si l'on doit s'exprimer ainsi , par un poids plus puissant.

8°. La nageoire susceptible d'une surface aussi étendue que celles de 100 rames réunies (on ne parle que des parties qu'elles plongent dans l'eau) ne laisse , dans son mouvement, échapper l'eau que par le contour de sa circonférence ; or les 100 pales la laissent échapper, au moins, par 300 côtés ; autre circonstance toute à l'avantage de la grande nageoire ; car il n'est point douteux que le liquide, qui s'est soustrait avec plus de facilité et encore en plus grande quantité, à l'action de la rame, n'a pu que lui avoir fourni un appui plus incertain et plus foible. La différence, il est clair, n'est pas de 300 à 1, la circonférence toute seule de la vaste nageoire ayant beaucoup d'étendue, mais elle ne laisse pas de paraître encore énorme ; puisque, suivant le rapport des lignes, elle n'est pas moindre que celle de 20 à 1, et qu'au surplus elle devient indéfinie en raison des aspérités et des obstacles de tous genres que le nouvel instrument sait opposer à la trop prompte retraite de l'eau.

9°. La courbe décrite par les manivelles est un cercle parfait dont le diamètre serait de 30 pouces environ ; mais celle décrite par l'extrémité du genou de la rame se compose de plusieurs lignes très distinctes et de natures différentes ; et si on veut la considérer un instant comme une sorte d'ellipse, ce ne sera que pour remarquer que son grand diamètre, étant de deux ou trois fois 30 pouces, impose aux Rameurs la nécessité de travailler avec des mouvemens excessifs (1).

Une telle remarque fera conclure que le nouveau Rameur aurait un travail moins pénible, ou qu'à fatigue égale, son effort sur la nageoire deviendrait plus puissant.

10°. Toute machine qui agit, cesse d'agir et recommence son action 20 fois par minute, ne saurait transmettre le mouvement que par secousses, et l'on connaît combien est grande cette portion de la force motrice ainsi gratuitement dépensée. Il n'est donc que trop manifeste que c'est encore là une des misérables fonctions des rames ordinaires qui continuellement frappent l'eau toutes à la fois, pour la refrapper de même, et la refrapper encore. Une embarcation quelconque mue par elles, est, en quelque manière, l'image d'une grande voiture que trop ridiculement l'on prétendrait faire marcher sur terre à coups simultanés de marteaux, lesquels, certes, sont peu propres à impulser les masses, le corps choqué ne

---

(1) Cette observation est bien justifiée, si elle n'acquiert pas plus de force dans la description du travail des rameurs due à BARRAS (*Dissert. fol.* 23 *et* 24). « On peut considérer , écrit ce Marin, » trois tems dans l'action des rames. Le premier pour s'élever de dessus le banc. — Le second » pour pousser le genou de la rame. Alors le vogue-avant fait un pas ; il monte d'un pied sur la pé- » dague pendant que l'autre appuie sur la banquette, il avance son corps et allonge ses bras autant » qu'il peut bien tendus vers la poupe. — Au troisième le vogue-avant et les rameurs, en se renversant » vers la proue, tombent sur leurs bancs tenant toujours les bras bien tendus, d'où ils se relèvent, » sans s'arrêter, et continuent le même exercice. »

Tel est un coup de rame. Sans doute une tâche aussi pénible que compliquée ressemble peu à un tour de manivelle.

pouvant que réagir contre celui qui frappe et perdre ainsi en arrière une grande quantité de l'action destinée à le porter en avant. Cependant toute l'absurdité d'une pareille méthode, qui, à la vérité, trouve son excuse dans la nécessité, mais qui n'est pas moins ruineuse qu'elle est antique, n'a jamais guère été sentie, tant un corps placé sur l'eau se montre mobile !

Toutefois rien ne se passe de la sorte dans le système des nageoires. Elles opposent opiniâtrement, sans coup-férir et sans saccade, surface plane à surface plane. Puissantes et robustes sans jamais être brusques, elles commencent, poursuivent, achèvent sagement la carrière la plus paisible, comme la plus laborieuse. Détachées ensuite du corps qu'elles font mouvoir et heureusement libres et courantes, elles doivent à leur nature même de prendre toujours et sans effort, la forme, l'attitude et l'allure tout-à-fait propres à la tâche qu'elles ont à fournir. Elles ont, comme rames, l'immense portée de 5o à 1oo pieds, laquelle, s'il le fallait, s'étendrait bien au delà. Enfin elles paraissent si avantageusement partagées sous ces nombreux rapports, que l'on pourrait, s'il était permis de le faire sans ridicule et sans offenser la nature, oser un instant les regarder comme proportionnément plus puissantes, plus actives et plus énergiques que celles dont sont pourvus les poissons, même les plus impétueux à courir à leur proie, les plus prompts à fuir la gueule du ravisseur, et les plus infatigables à franchir ou remonter les courans.

Ici se terminent les défauts relatifs de la rame. — Suivent les avantages exclusifs de la nageoire.

11°. La nageoire, par sa nature même, est évidemment applicable aux navires de hauts bords, d'où la rame vulgaire, aussi par sa nature, est écartée.

12°. Lorsque l'eau, *dans la baignoire de la rame*, a acquis une vîtesse presque égale à toute celle qui peut être donnée à la pale, il n'est plus possible de rien ajouter à la marche du bâtiment, lequel se trouve alors parvenu à l'uniformité ou à cette marche uniforme qui lui est désormais continuée par la très modique vîtesse relative de la rame. Ici il devient essentiel de remarquer que dans les meilleures rames, du moins dans celles qu'un long usage a le plus perfectionnées, le milieu de la pale n'a, tout au plus, que deux fois la vîtesse de l'extrémité du genou. Elles ont donc un maximum de vîtesse qui doit être estimé bien peu élevé comparativement à celui de la nageoire, puisque la grande roue AB (*fig.* 11) pourra avoir 4, 8, 12, etc. fois le diamètre de son axe ou arbre EE', et qu'au besoin les cylindres dd' dd' etc. prendraient une circonférence plus grande que celle décrite par les doubles manivelles. Ce qui a dû être aperçu comme l'un des avantages les plus importans attachés à la méthode nouvelle. En effet, c'est sous ce point de vue principalement qu'elle devient habile à doubler, tripler, etc. le plus grand sillage obtenu par la méthode ancienne, et qu'elle se montre propre à accélérer de beaucoup la marche de ce navire, qui déjà, à l'aide de ses voiles enflées, filerait 9, 12, et s'il était possible, 15 nœuds, cas où les rames ordinaires ne feraient que ralentir la marche, ou plutôt seraient emportées ou brisées par la rapidité de l'eau.

13°. Déjà il a été démontré (*page* 8) que le nouveau système a l'avantage, au besoin, de déployer un nombre de Rameurs extrêmement plus considérable que celui comporté par l'ancien; puisque l'on peut aller jusqu'à en couvrir toute la surface d'un bâtiment quelconque, et multiplier ce premier nombre par celui de ses étages actuels ou de ses étages possibles.

14°. Tout Individu et de prime abord, est bon Rameur dans le procédé nouveau. Ainsi

Matelots, Canonniers, Soldats combattans ou de transport, Prisonniers, Passagers, Goujats, ramas d'hommes inutiles ou funestes à la société, etc. tous deviennent excellens Marins mettant le pied dans un navire. Il ne s'agit que d'imprimer aux manivelles, au bruit d'une baguette sonore donnant la mesure, un mouvement tantôt ordinaire, tantôt accéléré, et parfois rapidement accéléré. Au contraire, dans le travail de la rame, qui nécessite aussi une mesure rigoureusement observée, l'on est tenu d'avoir fait le plus long et difficile apprentissage ; car bien ramer n'est pas chose facile (1).

La nageoire aura donc le privilège immense de fournir ou plutôt d'accueillir *le plus grand nombre possible d'hommes de mer*, en même tems qu'elle n'exigera d'eux *aucune préparation ni aucun savoir*.

15°. Autre espèce d'avantage refusée à la méthode ancienne, la nouvelle, évidemment moins marâtre, met ses Rameurs à couvert contre les injures de l'atmosphère de tous genres, et encore, autant que possible, contre les insultes, les assauts et le feu de l'Ennemi.

Une propriété aussi fortuite qu'heureuse, puisque d'une part elle s'offre ici naturellement et sans avoir été recherchée, et que d'autre part elle se montre si favorable à la santé et conservation des hommes de mer, a dû être signalée et rangée parmi les autres, étant toute entière en harmonie avec l'humanité et la population d'une Puissance maritime.

16°. Enfin à ce tableau, quoique déjà bien chargé, l'on peut ajouter, en somme, que le nouveau système ne demande pas, et la rame l'a toujours exigé, un bâtiment tout découvert et d'une construction légère et foible de bois, semblable, par exemple, à une galère qui, parce qu'elle réunissait ces deux funestes qualités, courait les plus grands dangers la mer devenant houleuse, ne pouvait être employée à des expéditions tant soit peu lointaines, se trouvait comme reléguée dans la Méditerranée, et ne se produisait sur l'Océan que pour ne pas en perdre les côtes de vue.

Tout au contraire, le nouvel instrument sera habile à armer les plus robustes navires qui redoutent le moins la mer courroucée, et qui, supposés de bas bords, seraient pontés, et, au besoin, clos hermétiquement.

Ensuite il donnera la même sécurité que la voile, à quelque distance que ce soit de la terre.

Il fera plus. Si un navire était supposé avoir perdu par des tempêtes successives tous ses mâts et voiles, et se trouver sans ressource aucune, à mille lieues de la plus prochaine

---

(1) BARRAS, que l'on doit encore citer, s'exprime ainsi : « Il y a plus d'adresse à voguer qu'on ne
» s'imagine. Un rameur doit jouer de tête ; il ne suffit pas de s'endurcir au travail par l'exercice, il
» faut qu'il s'accoutume à acquérir la manière la plus propre à faciliter le mouvement des rames,
» pour diminuer par son adresse la peine inséparable de ce travail, et pour donner en même tems
» une belle et bonne vogue. Les vogue-avans et les espaliers surtout, ont besoin d'avoir plus
» d'adresse et plus de forces que les autres rameurs, parce qu'ils conduisent toute la vogue. Lors-
» qu'un espalier se néglige et donne une mauvaise vogue, toute la chiourme s'en aperçoit bientôt
» et ne manque pas de s'en plaindre, parce qu'alors elle éprouve beaucoup plus de fatigue, etc. »
(*Dissert. fol.* 24).

côte ; à l'aide du même instrument, il continuerait sa route avec une sécurité entière, et toucherait au port, terme de son voyage, ayant plutôt gagné que perdu du tems.

Enfin, dans des expéditions quelque lointaines et périlleuses qu'elles fussent, si la nageoire était admise à seconder la voile, elle deviendrait un agent auxiliaire toujours présent, toujours puissant, toujours fidèle. Deux puissances motrices seraient employées à propos, soit simultanément, soit alternativement ; l'angle formé par la ligne du plus près et le lit du vent, deviendrait ou bien moins ouvert, ou nul ; les calmes cesseraient d'être à redouter ; les chemins, rendus plus directs, se parcourraient encore avec une nouvelle promptitude ; mais surtout les dangers se compteraient pour peu de chose. Combien de Navigateurs, marchant à d'utiles et glorieuses découvertes, ont péri victimes d'une louable et ambitieuse intrépidité, qui, avec son secours, auraient revu leur pays ! Combien seraient allés plus avant !

Sans doute ils ne sont pas précaires les avantages obtenus encore, dans tout ce dernier sens, sur les rames anciennes, dont le sort, fort différent, fut toujours de ne pas quitter les marges de la mer, et d'y être mues par une Chiourme peu rassurée, inquiète et habituée à mesurer des yeux la distance qu'elle met à regret entr'elle et le rivage, et à laquelle quelquefois il importe grandement que le bateau frêle et *à ciel ouvert*, qui la porte, en soit éloigné de moins d'une lieue.

Cette comparaison de longue haleine et cependant toujours si fortement prononcée, à une exception près, en faveur de la nouvelle rame, a donc fourni le moyen d'examiner les deux systèmes en détail, et de pouvoir ainsi rendre compte de cette différence surprenante que des expériences scrupuleusement soignées avaient établie entre l'un et l'autre, et même de celle, bien plus signalée encore, livrée par le calcul.

Il faut récapituler.

La nageoire ne présente que les imperfections courantes et communes aux machines ordinaires.

Mais la rame lui ressemble peu.

1°. Elle cherche mal-à-propos son appui dans le courant réel ou latéral.

2°. Les rames d'abord trop peu distantes entr'elles, ensuite alignées dans la direction même de leur mouvement, enfin multipliées autant qu'elles le sont dans les grandes embarcations, ne peuvent, sous ces trois rapports, que se nuire considérablement.

3°. La rame est hors de l'eau les $\frac{2}{3}$, et souvent les $\frac{3}{4}$ ou les $\frac{4}{5}$ du tems.

4°. Elle perd toute la différence qui existe entre l'espèce d'arc qu'elle décrit et la corde de cet arc : de plus elle dépense, en pure perte, une partie de la force mouvante dans ses immersions et émersions continuelles.

5°. Hors de l'eau il faut porter une partie de son poids.

6°. Elle devrait agir sans jamais cesser de former un angle droit avec la quille, et frapper constamment le fluide perpendiculairement et sans présenter des surfaces obliques.

7°. Elle cherche son appui trop près de la surface de l'eau.

8°. Il s'échappe vingt fois autant d'eau par les bords de cent rames, que par celui de cette grande nageoire qui seule aurait une surface égale à la somme des leurs.

9°. L'irrégularité et, de plus, l'amplitude de la courbe décrite par le genou de la rame, rendaient excessifs et trop pénibles les mouvemens des Forçats maniant la meilleure rame connue.

10°. L'action de la rame est scandée.

Tel est l'énoncé des défauts attachés à la rame ancienne. — Ici commence celui des avantages dont elle se trouve privée, et qui sont la propriété exclusive de la nouvelle.

11°. Celle-ci s'applique au bâtiment de haut bord.

12°. Elle ajoute beaucoup à la plus grande marche que tout navire peut obtenir du vent même le plus heureux.

13°. Avec elle le nombre des Rameurs devient, au besoin, double, triple, quadruple, etc.

14°. Par elle tout homme vigoureux est converti en habile Marin en 24 heures.

15°. A côté d'elle le Marin est soustrait à l'ardeur du soleil et aux rigueurs du froid, à l'action des vents et des vagues, et, autant que possible, aux insultes et aux projectiles de l'Ennemi.

16°. Enfin, à elle seule on sera redevable de pouvoir, à propos, fermer hermétiquement toutes les embarcations, et spécialement celles de bas-bords, pour les voir de la sorte naviguer avec sécurité.

Et même, pour ne le dire ici qu'en passant, tout laisse présumer qu'on lui sera encore redevable un jour d'avoir réalisé une chimère insigne, celle de naviguer au-dessous de la surface de l'eau.

C'est là le tableau que l'on soumet aux Critiques éclairés et sévères, afin qu'ils décident s'il doit être trouvé fidèle ou non. L'on est loin de redouter leur équité; prononçassent-ils qu'il est trop chargé de la moitié ou des trois quarts, ce qu'ils réserveraient formerait encore un bel apanage. Mais s'ils jugent que la rame est tout autant défectueuse, qu'ils déclarent ce que l'on obtiendrait de son secours, si elle n'avait contr'elle que les imperfections d'un levier ordinaire? enfin qu'ils disent si son action, avec les débris de laquelle on fait pourtant jusqu'à deux et trois lieues par heure, est plus diminuée par tous ses défauts particuliers, qu'elle ne serait augmentée, si elle pouvait avoir en partage les six avantages que la comparaison vient d'attribuer exclusivement à la nageoire?

Expériences
faites. Quoique les résultats qu'on va faire connaître aient paru d'abord tout-à-fait satisfaisans et bien au-dessus de tout ce qu'on s'était promis de sang froid, il s'en faut bien que, dans le cas dont il s'agit, il soit donné aux expériences faites *en petit* d'exprimer toute la différence qui existe entre un procédé et l'autre. La nageoire n'y a pas une portée assez étendue: ses six avantages exclusifs disparaissent: les trop petites embarcations, que l'on emploie, laissent toujours beaucoup à désirer: les défectuosités mêmes de la rame sont évidemment atténuées, lorsqu'il cesse d'être question de la plus grande vîtesse du sillage et du plus grand nombre des rames. Ces nombreuses raisons, qui ne sont point de nature à faire errer, disent assez que des succès bien plus marqués doivent être obtenus d'une expérience seule à faire *en grand*, expérience hors des facultés et du pouvoir d'un homme privé. D'ailleurs les essais ont donné progressivement un résultat d'autant plus considérable qu'ils avaient été exécutés eux-mêmes moins *en petit*.

Toutefois de premières expériences quelconques étaient d'absolue nécessité; mais comme elles devaient être d'autant plus concluantes qu'elles seraient faites comparativement et en plus grand nombre, on a cru devoir en faire de cinq espèces différentes.

1°. Celles où les nombres d'hommes admis étaient en raison inverse de l'effet de l'instrument employé. Elles ont été assez multipliées et n'ont jamais fourni un rapport moindre que celui de 6 à 1. C'est ainsi qu'une simple chaloupe, dans les eaux de Carthagène, portant 8 Rameurs et deux nageoires, a donné la remorque à un bâtiment avec toute l'aisance et l'action de trois chaloupes mues par 48 Rameurs ordinaires. Afin d'obtenir tout ce qu'avait fait en premier lieu la nageoire remorquant le navire, on employa d'abord une chaloupe avec 16 Rameurs accoutumés, ensuite deux, et enfin trois; et ce ne fut qu'avec ce dernier nombre que le même espace fut parcouru dans le même tems.

2°. Celles où l'on a fait manœuvrer de part et d'autre une égale quantité de Rameurs. Alors les distances parcourues au moyen de la rame étant comme 8, celles franchies à l'aide de la nageoire, dans des instans égaux, ont été comme 20, 21 et même 22; résultats qui attribuent à cette dernière une action depuis $6\frac{1}{4}$ jusqu'à $7\frac{9}{16}$ fois aussi grande que celle de l'autre, si la résistance causée par le choc du fluide sur la proue est en raison des carrés des vîtesses.

3°. Celles qui devaient exprimer distinctement l'énergie de l'une et de l'autre rame et qui suivent.

Dans des eaux à peu près stagnantes et choisies dans le lit du Rhône près Lyon, 12 Rameurs exercés au métier et placés sur un bateau chargé de 120 milliers de houille, faisaient mouvoir deux fortes rames pendant dix minutes précises, après lesquelles ils se reposaient et laissaient courir le bateau jusqu'à extinction de mouvement. Ici l'on prenait note de la distance parcourue, l'on revirait le bateau, et l'on répétait la même expérience en sens opposé, en se reportant directement vers le point du départ : après quoi l'on mesurait de nouveau la distance que l'on ajoutait à la première trouvée, pour prendre la moitié de la somme.

Cela exécuté d'une part, les mêmes 12 Hommes de rivière, alors au moyen de la nageoire, imprimaient au même bateau tout le mouvement possible, durant dix minutes fixes, d'abord dans un sens et ensuite dans le sens contraire, le laissant, chaque fois, achever toute sa carrière, et c'est de la sorte qu'on obtenait deux autres distances donnant un autre terme moyen.

Mais dans ces résultats, que l'on a pu multiplier aisément et dans des localités diverses, pour les comparer ensuite entr'eux en plus grand nombre, si l'on continue à représenter par 8 ceux que fournissait la rame, les autres, donnés par la nageoire, se sont trouvés de 25 à 4 reprises, mais de 30 et 32 dans des essais postérieurs, ce qui est loin de concorder avec les données obtenues par d'autres voies, puisque le premier nombre 25, seul, viendrait établir un rapport de (9,76) à 1. Aussi a-t-on pris le parti de ne pas s'en prévaloir, parce qu'il était visible que les Rameurs avaient la faculté, avec la nageoire, d'insister avec des efforts excessifs, en raison de l'énorme résistance qu'elle fait sentir dans les premiers momens, faculté que ne leur permettait pas de déployer à son plus grand avantage la rame, dans cette espèce de frottement fugitif qu'elle va chercher dans l'eau, quoique d'ailleurs rien n'eût été négligé pour bien servir sa cause; parce qu'en outre il pourrait se faire, ce qui est vraisemblable dans ce cas-ci, et ce qui a été remarqué dans un certain nombre d'autres, que la résistance du fluide sur la proue suivît une autre loi que celle qui la fait égale aux carrés des espaces parcourus dans le même tems; enfin, parce qu'il faudrait, comptant pour rien toutes les expériences faites jusqu'ici, et considérant isolément celles de ce genre comme directes et infaillibles, conclure que, puisque la nageoire, dans un premier essor, fait parcourir jusqu'à $3\frac{1}{2}$ et 4 fois autant d'espace que la rame, l'action de l'une est à celle de l'autre, comme le carré de 3½ ou de 4 est à l'unité, autrement comme 12 ou 16 est à 1. C'est pourquoi il conviendra de persister à ne pas se faire fort de cette troisième expérience.

Pourtant on ne doit pas taire qu'on l'a envisagée comme présentant des caractères trop fortement exprimés pour être ceux qui appartinssent aux expériences *en petit*. Elle a donc pu fournir particulièrement le motif de se livrer aux espérances les plus vastes, mais qui ne seraient guère de nature à se réaliser qu'alors qu'il s'agirait de navigation *en grand*.

4°. A plus forte raison ne conclura-t-on rien des expériences faites pour refouler des courans plus ou moins impétueux, et dont la force ou vîtesse changeait à chaque pas, où la rame reculait sans cesse emportée par le bateau, et que la nageoire néanmoins remontait avec une égale énergie, mais avec plus ou moins de promptitude suivant l'affluence du fluide, sinon qu'elles ont toutes servi à constater généralement, mais vaguement, l'absolue supériorité de l'une sur l'autre.

5°. Enfin, celles qui avaient pour objet de faire connaître grossièrement la consistance du point d'appui trouvé dans l'eau. C'est pourquoi toutes les fois que les premières expériences étaient terminées, et autant que la localité le comportait, on plaçait le même treuil à manivelle et les mêmes Rameurs, ou sur le rivage, ou sur un deuxième bateau fixe et amarré au milieu de l'eau, et là, au moyen d'une assez longue corde partant du treuil et allant s'attacher à la proue du bateau même qui venait de servir aux essais, on appelait celui-ci à soi en lui imprimant, comme ci-devant et pendant un tems déterminé, le plus de vîtesse possible ; et les résultats obtenus de la sorte, tout imparfaits qu'ils fussent, ont néanmoins laissé apercevoir qu'il y avait une différence marquée, mais non pas très grande (ce que l'on appréhendait beaucoup), entre le point d'appui alors pris sur un corps solide, et celui que l'ample surface de la nageoire venait tout récemment de rencontrer dans l'eau. La différence moyenne observée a été celle de 11 à 8.

On va donc conclure que le rapport trouvé entre l'action de l'une et celle de l'autre rame, est *au moins* de 6 à 1.

Ainsi une galère ordinaire d'autrefois, qui comptait 52 rames et 5 hommes sur chacune d'elles, et par conséquent 260 Rameurs, aurait fait tout autant de chemin avec $\frac{260}{6}$, autrement 44 Rameurs d'espèce nouvelle ; et comme sa marche pouvait être de deux lieues à l'heure, elle eût été de cinq lieues *au moins*, toute sa Chiourme conservée.

Tout avantageux que se montre ce résultat conclu, il ne doit être aperçu que comme un *minimum* donné par de premiers essais ou de petits tâtonnemens ; aussi ressemble-t-il fort peu à celui qu'a promis la comparaison, et fort peu à celui que va fournir le calcul.

SIMPLE CALCUL. LES formules en général adoptées par les Auteurs qui ont traité de la résistance des fluides et des bâtimens allant à voiles et à rames, peuvent, appliquées au cas présent, être ramenées à celle-ci : $NFu = SR \times V^2$, dans laquelle la valeur de N, ou le nombre d'hommes nécessaire à la marche, plus ou moins accélérée, de toutes espèces de navires, dépendra de cinq quantités que l'on peut toujours supposer connues, savoir : F force de l'homme appliquée à une manivelle, et u sa vîtesse durant une seconde ; S la quotité de pieds carrés à laquelle se réduit une proue quelconque en raison de ses surfaces, plus ou moins obliques, exposées au choc de l'eau ; R l'action du fluide heurtant perpendiculairement une surface d'un pied carré avec la vîtesse d'un pied par seconde ; enfin V la vîtesse que l'on entendrait donner au vaisseau.

Or, parmi ces cinq quantités, il en est deux que l'expérience de tous les jours fait connaître ; c'est ainsi que $F = 30$ livres et $u = 3$ (1). L'expérience dit encore que $R = 1$ livre 7 onces. (Bouguer, *Traité du Nav. fol.* 357). Et puisque la quantité S est relative à la grosseur des bâtimens, et que V est arbitraire, on va supposer que la plus grande base verticale de la proue d'un gros navire a 600 pieds en surface au-dessous de la flottaison, et qu'elle se trouve réduite à $\frac{1}{10}$, ou à 60 pieds carrés, à cause de la saillie aiguë qui la couvre et reçoit le choc du fluide ; enfin que la vîtesse du sillage est de 19 pieds par seconde, quantité selon laquelle on parcourt 11400 toises, ou exactement 4 lieues par heure ; de sorte que $S = 60$ et $V = 19$.

Substituant donc dans la formule, au lieu de F, u, S, R et V, leurs valeurs, on a
$$N \times 30 \times 3 = 60 \times (1,4375) \times 19 \times 19 \ldots\ N = \frac{11116}{90} \ldots\ N = 346.$$

A ce nombre trouvé 346, si l'on ajoutait 50 pour cent, afin de tenir compte des frottemens et de ce que le point d'appui est pris dans l'eau, ce serait avec 520 hommes que l'on ferait faire 4 lieues par heure à un vaisseau de ligne, et par conséquent . . . . 2 lieues avec 130 hommes.

3 lieues avec 292.

5 lieues avec 812, etc.

La même formule va déterminer la quantité de nouveaux Rameurs qu'il faudrait employer dans la galère déjà citée, pour lui faire parcourir 2 lieues à l'heure, chemin qu'elle faisait elle-même avec 260 Forçats.

Suivant Bouguer, la proue de cette sorte de bâtiment, eu égard à sa saillie, n'offrait au choc de l'eau qu'une surface égale à celle de 9 à 10 pieds carrés. (*Traité du Nav. fol.* 116). Ainsi $S = 10$; mais pour faire ce chemin, il faut que la vîtesse soit de $9\frac{1}{2}$ pieds par seconde, de sorte que $V = 9,50$. Substituant donc ces deux valeurs, on a
$$N \times 30 \times 3 = 10 . (1,4375) . (9,50)^2 \ldots\ \text{On a } N = \frac{1297,34}{90} \ldots\ \text{ou } N = (14,41),$$
à laquelle quantité si l'on ajoutait sa moitié, comme ci-dessus, pour compenser les frottemens, etc. l'on aurait 22 ; et ce serait ainsi que la même galère ferait 2 lieues à l'heure avec 22 Rameurs, et conséquemment 4 lieues avec 88, etc.

On voit que le rapport n'est plus de 6 à 1, mais qu'il eût été de 18 à 1 sans l'addition de $\frac{12}{100}$, et que par elle il est changé en celui de 12 à 1.

Enfin, la petite formule va servir à justifier l'existence des défectuosités énormes et nombreuses, inhérentes à la rame ordinaire, si elles pouvaient être révoquées en doute, ou atténuées dans l'opinion, et si elles n'avaient pas elles-mêmes justifié d'avance tous les résultats du calcul, quelque misérables qu'ils dussent être. Il s'agit de savoir à quelle quantité se réduit l'action ou l'effort de chaque homme, ou de connaître l'effet dynamique de la force mouvante F. u que l'on va représenter par le seul signe P. La formule

---

(1) Selon quelques Auteurs cette évaluation est trop foible, suivant plusieurs régulière, d'autres la trouvent trop forte, n'importe. Il s'agit ici principalement d'une comparaison, dans laquelle l'effort de l'homme figure également des deux côtés.

devient NP = SR × V⁴. Toutes les valeurs sont connues, excepté celle de P; car l'on sait que la galère portait 260 Rameurs, que sa proue était comptée pour 10 pieds carrés, que la résistance du fluide est de 23 onces par, etc. et qu'elle faisait deux lieues par heure. De là 260 P = 10 . (1,4375) . (9,50) . (9,50). De là P = $\frac{1297,34}{260}$. De là P = 4,98, ou P = 5.

Le produit dynamique de l'effort de chaque Rameur, durant une seconde, est donc exprimé par 5. Il est donc de 1 livre, force, que multiplient 5, vîtesse; car le genou de la rame était mu, pour le moins, avec une pareille célérité; autrement la vîtesse de la pale eût été moindre que celle de l'eau. Mais l'effort ordinaire de l'homme (sans doute *celui du Rameur* est loin de lui être inférieur) se décompose raisonnablement par les Praticiens en une force de 30 livres et une vîtesse de 3 pieds par seconde; ce qui donne la quantité 90, qui est à 5, comme 18, action confiée à la rame, est à 1, action transmise à la galère.

C'est en vain que l'on a prétendu rapporter l'effet des rames au carré de leur vîtesse dans le fluide. etc. Leurs nombreux défauts, sans doute, ne concourent pas à faire prévaloir une semblable leçon, celle-ci d'ailleurs ne fût-elle pas puisée dans une hypothèse plus élégante et ingénieuse, que fournie par l'expérience bien consultée. En effet, quel est le Marin qui, d'après une telle doctrine, ayant calculé l'action d'un système de rames, ait jamais pu la faire concorder avec la résistance éprouvée par la proue?

Aussi a-t-on dû, dans le cas présent, recourir au moyen simple et direct. L'on connaissait la résistance causée par le choc de l'eau sur la proue de la galère; elle était trouvée dans la quantité 1300 que l'on a divisée par 52, nombre des rames, et le quotient 25, exprimant l'effet de chacune d'elles, a réduit ensuite l'effort de chacun des cinq Rameurs, à la modique quantité 5.

La quantité 5, au reste, comme l'on ne manque pas de l'observer, se reproduit sous des signes qui diffèrent suivant les cas, et pour citer un exemple peu ordinaire, elle devient celle de 50, autrement de 10, force, multipliant 5, vîtesse, pour la rame des Algarves, qui, pour le moins, faisant deux lieues à l'heure, ne frappent l'eau que six fois par minute. Pour lors cette quantité embrassant 10 secondes, et cessant d'être uniforme sans rien perdre, peut-être, de sa valeur, doit être saisie et appréciée dans deux instans bien distincts; l'un qui se compose de 9 secondes environ, durant lequel la rame est hors de l'eau, et durant lequel aussi l'Algarve ne prodigue pas sa force, mais s'applique, au contraire, à en mettre en réserve la partie la plus considérable; et l'autre, de la rapide durée d'une demi-seconde que la rame emploie à fendre le fluide; et alors cet habile Rameur insiste sur elle de toute l'énergie, la célérité et l'adresse dont il est capable.

Mais c'est toujours 1 × 5 par seconde.

Cette réduction énorme et surprenante, mais dont la certitude est irrécusable, deviendrait néanmoins plus forte, si la résistance de l'eau croissait dans une progression moindre que celle des carrés des vîtesses, et en même tems telle autre loi, qui imposerait au moteur une tâche moins pénible, profiterait en proportion à la nageoire.

Ce n'est pas que cette dernière doive s'approprier la différence toute entière qui existe entre 18 et 1. Déjà l'on a provisoirement formé le rapport de 12 à 1, en évaluant libéralement les frottemens à $\frac{10}{100}$.

Doit-on les porter à $\frac{100}{100}$? L'avantage est encore grand; il est de 9 à 1. Les fera-t-on monter à $\frac{100}{100}$? Il devient celui de 6 à 1, etc. C'est là ce qu'on doit soumettre au jugement d'autrui et à l'expérience consultée *en grand*.

Mais l'on était grandement intéressé, autant pour soi-même, que pour ne pas présenter un système qui eût pu paraître équivoque, de lui prêter tout l'appui d'une espèce de théorie jusqu'ici assez indifférente et, par conséquent, peu connue (1).

AVANTAGES EXCLUSIFS DE LA NAGEOIRE.   Pourtant les choses ne s'arrêtent pas là. Jusqu'à ce moment elles n'ont été considérées et mesurées qu'en deçà des limites assignées à la petite puissance de la rame. Mais au-delà de ces bornes, si peu reculées, il est un assez bon nombre d'avantages liés particulièrement au mode nouveau, lesquels ayant trouvé naturellement leur place dans la comparaison qui vient d'avoir lieu, ont fourni la matière des six derniers numéros, avantages qui, si on se les rappelle, ne sont pas de modique considération, puisque l'un d'entr'eux, l'on veut parler de la faculté exclusive et évidente, que l'on aurait, de doubler, ou tripler, etc. le nombre des Rameurs, venant en effet rendre, à propos, double ou triple, etc. la différence déjà trouvée au profit de la nageoire, rendrait en même tems démesurés tous les ra   orts de l'une à l'autre rame.

Cette immense prérogative, et celle, qu'a la nageoire de reculer très loin la limite de sa vitesse, et celle, qui lui est propre, de s'appliquer au navire de haut bord, et celle, qu'on lui attribue, de faire de tous les hommes d'habiles marins en peu d'heures, se présentent donc encore pour mettre en évidence l'importance de cette vérité, que le nouveau procédé serait employé avec d'autant plus d'avantage que les bâtimens qui l'adopteraient, deviendraient plus grands et seraient pris parmi les plus forts de ceux qui se construisent aujourd'hui.

Bien plus, si l'on ne répugnait pas à concevoir, pour un moment, qu'un vaisseau eût une fois et demi la largeur de celui qui porte 130 pièces d'artillerie, et deux fois la longueur, mais en lui conservant la même hauteur supposée utile, et certes ces dimensions ne seraient en somme que la moitié de celles du vaisseau (2) de Philopator, et ne se produiraient point sur la mer pour la première fois : et s'il était prouvé en même tems qu'un semblable corps fût peu susceptible d'aller à la voile; il paraîtrait néanmoins sûr qu'on le ferait marcher *avec beaucoup plus de vîtesse que tout autre*, en admettant un nombre de Rameurs et de nageoires proportionnel à sa capacité. En effet la base verticale de la colonne d'eau à heurter par sa proue, n'exigerait qu'un Équipage augmenté dans le rapport de 2 à

---

(1) L'on ne doit pas manquer d'avertir que les résultats, articulés généralement dans le cours de ce mémoire, n'ont point été basés sur celui que vient de livrer le calcul d'après lequel ils seraient trois fois aussi grands, mais qu'ils l'ont été à peu près sur le terme moyen de ceux qu'ont pu fournir les expériences faites jusqu'ici, celle de troisième espèce exceptée.

Il est décent de ne promettre que l'absolu *miaimum*, surtout quand il est aussi satisfaisant. En cela on heurte moins les opinions, on ne s'écarte pas de la route qui mène à cette première confiance aussi nécessaire qu'ambitionnée, et on ne court que la chance heureuse de donner davantage.

(2) *Liv.* 5. *Dipnosophiston*. Athenée, parlant d'un vaisseau de Philopator, dit qu'il avait deux-cent-quatre-vingts coudées de longueur, trente-huit de largeur, quarante-huit de hauteur à la proue, et cinquante-trois dans la plus grande élévation de la poupe, à partir de la flottaison. Le même Auteur ajoute que cette sorte de galère était mue par plus de 4 mille Rameurs, et portait en outre 4 cents hommes employés à d'autres manœuvres.

3, pour qu'il fît le même chemin que le bâtiment du premier rang ; tandis que , dans l'hypothèse proposée, son moteur deviendrait triple, c'est-à-dire, la proportion gardée, deux fois aussi puissant. Son artillerie , au reste, autant qu'une pareille augmentation serait jugée plus formidable, compterait jusqu'à 400 pièces de canons ou l'équivalent ; car, outre que sa carène représenterait trois fois celle du bâtiment de 130, il se trouverait encore affranchi et allégé du poids et de toute la mâture et de cette partie énorme de lest qui la contrebalance, etc.

Cependant un tel vaisseau absolument rasé, et de plus construit dans la vue de ne priver la nageoire d'aucun de ses avantages, si jamais il cessait d'être idéal, présenterait l'image d'une place forte flottante. Il deviendrait le boulevard mobile et presque inexpugnable de la Puissance dont il arborerait les couleurs : écueil redouté de toute flotte marchant sous la voile, il se reproduirait partout, foudroyant ou soumettant ce qu'il rencontrerait. Jamais il ne se trouverait dans le cas d'être assailli par le nombre, car sa marche, sous le vent, serait de beaucoup supérieure à celle qu'ont les meilleurs vaisseaux de guerre, alors   e et surtout il se orterait bien lus directement et habilement qu'eux vers l'origine du vent. D'ailleurs la direction des routes, qu'il prendrait à propos, étant toute dépendante de son gré, et nullement du caprice de cette puissance motrice que les voiles trouvent dans l'air, il demeurerait dans tous les tems le maître d'attaquer l'Ennemi en détail et sur les points qu'il voudrait choisir ; mais il en aurait bon marché à l'instant que l'haleine du vent foiblirait, et fondrait sur lui comme sur une proie inanimée, un calme survenant....

Mais c'est être allé trop avant. Il eût été plus convenable, peut-être moins ridicule, d'omettre des conséquences trop osées et trop brillantes, et de se contenter, se renfermant dans les limites d'un simple exposé, de rapprocher tout naturellement le système de la nageoire de celui de la rame ordinaire, se servant de celle-ci, comme du mètre le plus propre à donner l'étendue de celle-là, et encore de le faire, autant qu'il eût été possible, sans trop ravaler le mérite de la modeste et trop utile rame, cet héritage aussi ancien que sacré, et qui s'est le moins altéré en passant de main en main ; cet instrument tellement recommandable par sa simplicité et sa commodité, que rien en lui n'a pu être changé sans qu'on lui ajoutât une imperfection ; qui n'a été jusqu'à présent suppléé par aucun autre, se montrant toujours bien supérieur à tout ce que des tentatives extrêmement multipliées et souvent ingénieuses ont offert de moins imparfait, et particulièrement bien supérieure encore aux roues-à-palettes (1) que plusieurs physiciens éclairés, dont on respecte l'opinion sans la partager, ont voulu lui préférer.

---

(1) Si l'on fait ici mention, et si l'on parle encore une fois dans la suite, des roues-à-rames-tournantes, ce n'est que dans la vue intéressée et bien naturelle d'étayer le système proposé d'une comparaison de plus ; mais on apportera un soin religieux à n'appliquer ce qui en sera dit, qu'à celles qui, durant un siècle entier, ont exercé la sagacité des Physiciens aussitôt qu'ils en eurent eu conçu la première et simple idée ; qui, ajoute-t-on, moindres monumens du génie des vrais Inventeurs, que de leur zèle tourné vers l'utilité publique, n'ont pas été couronnées de tout le succès attendu, ou plutôt ont manqué d'encouragement ; qui encore, après eux, sont devenues naturellement l'héritage commun, et qui enfin *consignées et décrites dans des ouvrages imprimés et publiés,* (ce sont les expressions de

En effet celles-ci, pour le dire en passant, partagent évidemment la plupart des défauts aperçus dans la rame vulgaire, dont quelques uns chez elles deviennent même plus graves, et si ensuite elles se montrent affranchies de plusieurs, ce n'est qu'en les remplaçant par d'autres plus ruineux encore. La preuve en serait facile si elle ne devenait pas ici superflue, et si d'ailleurs elle n'était pas fournie par une expérience *ad hoc*, très-soignée, faite sur la Seine aux regards de tout le monde, il y a 13 ans, expérience concluante, commandée et surveillée par le Gouvernement qui alors y attachait la plus haute importance.

Néanmoins elles ont cela pour elles, qu'elles présentent un avantage extrêmement spécieux, celui de se prêter au système de la machine-à-vapeur qui a rencontré en elles un mécanisme intermédiaire très commode d'un côté, mais de l'autre assez défectueux pour ne transmettre à une embarcation, même construite exprès, qu'une fraction tout-à-fait petite de l'action entière que lui communique un moteur aussi puissant. (*Voy. pages* 50, 51, 52 *et* 53, *et note pag.* 51 *de ce Mémoire*).

Toutefois, et c'est ici le cas de le dire, les nombreux défauts, qui, suivant le tableau produit, sont l'apanage de la rame ordinaire, lorsqu'ils furent d'abord étudiés, sentis et bien reconnus, ne firent pas conclure qu'elle fût un instrument absurde appliqué à la navigation, puisqu'aussi agée que l'élément qu'elle fatigue encore de ses coups, les siècles déposent pour elle; mais bien qu'un navire construit avec quelque art, était singulièrement mobile, exposé sur la mer. 1°. Parce que cette dernière lui présente toujours une assiette fidèlement horizontale, c'est-à-dire la surface convexe dont tous les points sont

---

la loi du 7 janvier 1791, Art. XVI), n'ont pu, pour ce, devenir jamais la propriété exclusive de personne, et c'est de la sorte que l'on a touché un but bien désiré, celui de ne blesser qui que ce fût.

Quant à celles dont l'importation, et celles encore dont divers perfectionnemens viennent de donner lieu à plusieurs brevets, l'on se montrerait mal-avisé si on les faisait servir d'objets de comparaison pour en conclure des avantages privés, lesquels ou réels ou frivoles, seraient également odieux.

Au lieu de dépécer leur ouvrage, ne vaut-il pas mieux applaudir à ces Auteurs qui viennent de marquer un grand pas dans l'art de naviguer, non sans avoir triomphé de difficultés inouies? Car l'on ne craindra pas d'avouer que, dans la tâche extrêmement délicate de perfectionner les pales tournantes, le mérite du succès est d'autant plus glorieux qu'il atteste et une grande supériorité de talens sur de nombreux Devanciers, et l'art tout-à-fait rare de faire disparaître des défauts d'abord très graves, et ensuite tellement combinés avec le mécanisme même, qu'ils ne paraissent rien moins que le constituer et en être à jamais inséparables. Bref, la plus belle découverte, dans tout autre genre, doit moins coûter et mériter que l'entier perfectionnement du bateau de FULTON.

Toutefois quand il sera question de ce dernier bateau, brut, sans correction, et dans l'état où il se trouvait à la mort de l'Auteur, l'on s'exprimera très librement et sans réticence. Eh! pourquoi en userait-on autrement? Le moteur à feu, la roue-à-rames-tournantes et l'application de celui-là à celle-ci, n'étaient-ils pas la propriété de tout le monde avant d'être celle d'un Particulier en Amérique? Cet illustre Physicien, s'il était vivant, écouterait-il avec peine ce qu'il s'est dit, ou a dû se dire, mille fois à lui-même? D'ailleurs est-elle petite cette portion de gloire dont il s'est couvert en imprimant à son navire une vitesse de deux lieues à l'heure contre vent et marée; mais surtout en la lui donnant à l'aide d'un système de rames qui recèlent en lui des obstacles bien plus rebelles et difficiles à vaincre que le vent, la marée et les courans mêmes dont il s'agit? (*Voyez pages* 50, 51, 52 *et* 53, *et note pag.* 51 *de ce Mémoire*).

également distans du centre de la terre. 2°. Parce que le fluide est plutôt divisé par sa proue aigüe qui fait l'office de coin, que heurté et refoulé. 3°. Parce qu'encore le même fluide le presse et l'impulse dans tous les points de sa poupe jusqu'au maître-beau, se repliant impétueusement sur eux pour s'opposer au vide qui sans cesse est sur le point de s'y former, ou, ce qui n'est pas différent, parce que l'avant du vaisseau ne saurait agir sur la colonne d'eau qui se présente à lui, sans qu'une pareille colonne n'agît simultanément sur son arrière. 4°. et surtout enfin parce que la masse du navire parvenu à des degrés de vîtesse quelconques, non seulement est impulsée par le coup de rame actuel, mais principalement par l'admirable réserve qu'elle s'est faite des coups précédens, réserve d'ailleurs aussi clairement constatée qu'aisément appréciée par le chemin que fait encore le bâtiment après que la rame a cessé d'agir.

Mais si ces quatre circonstances à la fois bien distinctes, bien naturelles et bien précieuses, ainsi que plusieurs autres, peuvent, en quelque sorte, être envisagées comme le beau côté de la rame, elles n'en sont pas moins évidemment et également le partage de la nageoire.

En résumé, la nageoire est entourée des circonstances heureuses et réunit en elle les qualités faciles et simples, aperçues dans tout le système ancien.

Elle est, par sa nature, affranchie de dix défauts signalés dont la rame est entravée à ce point que son action ne figure que pour $\frac{1}{13}$ dans les résultats fournis par le calcul.

La nageoire, en outre, présente évidemment, dans une sphère d'un diamètre infiniment moins petit, une foule d'avantages qui, la plupart du plus grand poids, viennent lui attribuer des fonctions et prérogatives aussi importantes qu'exclusives.

Cependant si telle est sa supériorité sur la rame vulgaire, tout semble militer pour qu'elle soit mise en parallèle avec la voile et même l'emporte le plus souvent sur elle; du moins tel est l'aperçu rapide qui va suivre et où l'analogie et l'espérance ont été également consultées.

Nageoire comparée a la voile. Ainsi comparativement à la voile, si d'un côté la nageoire était admise à l'accompagner et seconder, elle exécuterait toujours et dans toutes espèces de navires, ce qui serait du ressort de sa compagne, et s'il arrivait qu'elle fît moins, la Chiourme étant peu considérable et les vents soufflant à souhait, elle ferait beaucoup plus, leur haleine devenant et restant foible; mais surtout elle opérerait seule dans les calmes. En résultat, elles auraient toutes deux et à l'envi l'une de l'autre, impulsé le bâtiment sans relâche; de là des routes plus directes, plus courtes, plus sûres et encore parcourues avec une célérité toute nouvelle et imprimée par la double action de deux puissances émules et combinées.

(1) Et si, d'un autre côté, elle était destinée à remplacer la voile, le chemin qu'elle

---

(1) Entre laisser subsister toutes les voiles et les exclure tout-à-fait, il est sans doute des termes moyens à prendre en considération : par exemple, celui où la nageoire devrait remplacer seulement les voiles supérieures d'un gros vaisseau, serait aussi celui qui donnerait la voilure la moins compliquée. Ainsi se trouveraient conservées 3 ou 4 grandes voiles basses, c'est-à-dire, celles qui tourmentent le moins un bâtiment, sont exposées à moins d'accidens, prennent le plus de vent et le plus profitablement, et dont la manœuvre encore est la plus facile.

C'est de la sorte que le navire se trouverait heureusement placé entre deux forces motrices, agissant le plus immédiatement possible par dessus et dessous son corps, comme pour ne pas nuire à son équilibre et conserver à sa carène la position la plus horisontale, celle qui concourt si puissamment à la promptitude du sillage.

ferait parcourir, ne serait jamais moindre, en somme, que celui ordinairement dû au concours accidentel des vents, en exceptant naturellement le cas où l'Équipage se trouverait de beaucoup au dessous des proportions usitées. Mais, toutes les fois que l'extrême promptitude de la marche deviendrait importante, utile ou nécessaire, et qu'en conséquence l'on aurait porté la puissance motrice à ce degré de force dont elle est, on ne dit pas rigoureusement, mais raisonnablement susceptible, alors les espaces grands ou petits seraient franchis en bien moins de tems qu'ils ne le sont aujourd'hui à la faveur du vent le plus heureux, supposé même le plus constant; car la nageoire l'emporte beaucoup plus sur les rames ordinaires, que celles-ci ne le cèdent à la voile.

Cependant il s'en faut bien que ce soit là l'unique avantage qu'aurait la nageoire suppléant toutes les voiles. Elle en laisse apercevoir une foule d'autres.

Et d'abord elle viendrait offrir une sécurité, jusqu'ici, inconnue sur les Mers, et telle que le navire ne saurait être dépouillé de son moteur, les bras de l'homme; et telle encore que le navire se fermerait hermétiquement dans tous les cas nécessaires.

Elle demanderait en construction et entretien des dépenses aussi modiques que celles de la mâture sont énormes. Bien moins embarrassante que cette dernière, elle serait encore infiniment moins exposée aux avaries, ruptures, accidens de tous genres et, entr'autres, aux dommages causés par l'artillerie ennemie, et, à tout évènement, si aisément réparée.

On lui devrait l'ample faculté de placer dans le vaisseau, en munitions de bouche et autres objets, une quantité de tonneaux égale à la fois au poids de toute la mâture supprimée, et à celui des agrès et de ce lest considérable que celle-ci nécessitait particulièrement, ou la faculté équivalente de diminuer en général d'un quart, d'un tiers et par fois de la moitié, la grosseur de la carène des navires, si on ne voulait toucher à leur longueur que pour l'augmenter, et à leur hauteur, hors de l'eau, que pour la rendre moindre, ce qui réduirait de 4 à 3, ou de 3 à 2, ou de 2 à 1, cette résistance du fluide dont la proue est passive. Sous ce dernier jour, les constructions navales se prêtant sans réserve au nouveau mode, et rendues par-là même tout-à-fait simples, deviendraient, dans toute la proportion, et moins coûteuses et plus promptes.

Elle serait toujours appareillée, quels que fussent le tems et le lieu, le ciel et l'eau.

Dans les tempêtes, elle écarterait souvent le bâtiment des écueils aperçus ou connus.

Mais il appartient au Guerrier de mer de dire ce que l'on devrait attendre d'elle, dans toutes les rencontres, pour forcer ou éviter le combat : dans les hypothèses nombreuses qu'établissent les vents divers, les calmes, les bas-fonds, les courans, etc. en présence de l'Ennemi : dans les expéditions furtives et rapides qui auraient pour objet, ou de surprendre un poste important, ou de jeter des secours dans une place plus ou moins étroitement bloquée, etc. : dans les descentes à opérer, soit à force ouverte, soit au moyen de petites embarcations, soit encore à l'aide d'immenses et formidables bateaux plats, etc.

L'Equipage voulu par elle, fût-il, selon les cas, ou moindre, ou aussi considérable, ou plus nombreux que celui qu'a toujours exigé la manœuvre des voiles, se composerait de Marins formés en un jour, et dont le métier cesserait d'être périlleux.

Les navires n'ayant besoin d'être toués dans aucune circonstance, se montreraient eux-mêmes habiles à remplir, à l'égard des autres, cet emploi utile et quelquefois salutaire autant sur la haute-mer, dans les calmes durables, après les tempêtes, à l'issue des combats , etc. ; que près de la terre , soit dans les difficultés et dangers de doubler un cap , soit dans un canal étroit et sinueux à parcourir, etc.

Enfin si le bâtiment, portant 130 pièces d'artillerie, indiquait que la puissance de la voile dût diminuer au-delà, tout vient attester que celle de la nageoire s'étendrait bien plus loin, pour être alors même plus favorablement encore appliquée, etc. Ce serait toute autre cause, que la nature de la machine et de son moteur, qui assignerait une limite à la grandeur des vaisseaux.

OBSERVATIONS.

VENTS ET COURANS D'EAU.

LE système nouveau présente une espèce de navigation qui, en théorie, peut être considérée comme indépendante de toute action de la part du vent, des courans, des vagues et du flux et reflux, et comme ayant lieu sur une eau et dans une atmosphère constamment stagnantes. Si le vent souffle successivement dans tous les sens, si des courans se rencontrent dans toutes les routes, ces accidens ou fréquens, ou durables, sont, en somme, autant pour elle que contr'elle, et doivent, en résultat général, avoir ajouté et soustrait à la promptitude du sillage, deux quantités rigoureusement égales. Jusque-là il y a donc un parfait retour.

Mais il intervient, dans la pratique, le changement le plus favorable; car, en premier lieu, si on se livre sans réserve à l'action des vents et courans d'eau durant tout le tems que leurs directions ne diffèrent pas de celle de la route, afin que la quantité additionnelle devienne un *maximum*; l'on a garde, en second lieu, de les heurter de front quand ils sont opposés, et l'on connaît avec quelle habileté le Marin sait présenter des surfaces obliques et faire tourner à son plus grand avantage les causes mêmes, en apparence, les plus contraires. Or, dans ce deuxième cas observé isolément, cette quantité même, que l'industrie sait ajouter encore à la marche, compense presque, en somme, si elle ne la compense pas tout-à-fait, celle que lui soustrait l'action de l'un et l'autre fluides, lorsqu'ils sont totalement contraires.

Ainsi, en général, le vent et les courans subsistent au grand avantage de la méthode nouvelle. En résultat, si l'on perd 10 lieues par des vents et courans dont les directions seraient des lignes placées au-delà de la perpendiculaire de la route, c'est-à-dire, du côté de la proue, l'on gagnera 100 lieues et davantage quand ils tomberont en-deçà de cette même perpendiculaire.

EAUX PEU PROFONDES.

Dans tous les endroits où la Mer manquant de profondeur, comme à la proximité des côtes et à l'entrée de certains ports, ne laissera aucune marge au jeu des nageoires, on sera tenu, quand on ne voudra pas recourir à la remorque, de les placer sur les flancs du navire, soit un peu au-dessous de la surface de l'eau, soit à tel degré d'enfoncement jugé convenable, et l'on ne manquera pas de reconnaître que rien ne sera à changer dans tout l'appareil voulu par le moteur, et qui aura servi, ou devra servir en haute-mer, pourvu que l'on ait deux petites roues prêtes, dans l'occasion, à être placées hors du bâtiment, aux deux extrémités mêmes du grand axe, ou arbre E E' (*fig.* 11) pour lors un peu prolongé; et en même tems deux nageoires modiques, circulaires, à deux battans et de l'espèce indiquée dans la figure 1ere. De telles nageoires, que l'on peut nommer libres, parce qu'elles n'ont d'autre directeur que la corde elle-même, s'adaptent sur-le-champ et sans difficulté aucune, savoir : l'une à babord et l'autre à stribord. Elles parcourent, chacune de son côté, mais simultanément, toute la longueur du navire. Il y a interruption. Dans 6 secondes, par exemple, elles en emploient 4 à impulser le bâtiment, passant de la proue à la poupe; tandis que 2 suffisent pour qu'elles soient reportées à la proue, et là recommencent leur carrière utile.

Mais l'on se bornera souvent à leur donner la modique course momentanée de 20, 30 ou 40 pieds.

Tout ceci suppose qu'il n'est question que d'un court espace à parcourir sur des eaux peu profondes. Autrement l'on traiterait sans difficulté chaque flanc de la carène, ainsi que l'on en a usé pour le fond. L'on y pratiquerait donc de petites ouvertures, etc. etc. sans jamais perdre de vue que plus les nageoires se trouvent éloignées de la superficie de l'eau, et plus leur appui devient ferme. Enfin celles-ci, dans cette circonstance tout-à-fait rare, prenant une surface peu étendue, seraient employées au nombre de quatre, savoir : deux de chaque côté.

C'est de la sorte que devaient être faites les premières expériences, mais le navire percé au-dessus de la flottaison, et déjà l'on présumait avoir trouvé une espèce de rame bien supérieure à l'ancienne, mais surtout applicable au vaisseau de haut bord, ce qui remplissait l'objet que l'on s'était proposé dans le principe, objet dont la découverte avait été regardée par les Marins comme devant être *très importante dans certains cas* (1).

Mais on n'a pas tardé à imaginer qu'il était permis d'aller plus avant, et qu'en prenant, au moyen de quelques trous faits à la carène même, le parti de tout cacher et ensevelir dans l'eau, on parviendrait d'abord à s'affranchir de l'absurde embarras que comporte un bâtiment flanqué de rames quelconques, ensuite à décliner l'extrême impétuosité du courant réel ou latéral pour augmenter de beaucoup la promptitude de la marche, et enfin à donner, aux Peuples d'outre-mer, un spectacle assez singulier, celui de voir s'avancer en ligne directe et parvenir jusqu'à eux des navires qui, n'ayant ni voile, ni apparence de rames, ni machine-à-vapeur, etc, leur sembleraient obéir à une puissance attractive exercée par leurs côtes mêmes.

LA NAGEOIRE NE DOIT PAS ÊTRE ASSIMILÉE AUX ROUES-A-RAMES.

Quoi qu'il en soit, si jamais on juge utile et à propos d'adapter des nageoires courantes ou volantes sur les flancs, percés ou non, de bâtimens quelconques, on ne doit pas appréhender qu'elles aient là le sort des rames-tournantes sur l'adoption desquelles on a autrefois si souvent insisté (*même note* (1), et qui, disent les Auteurs, *ou n'ont point eu d'effet, ou n'en ont eu que très peu.* La raison en est que la nageoire se trouve détachée du corps du bâtiment, tandis que les roues-à-rames y sont adhérentes. Sans doute cette raison n'est pas la seule qui milite contre leur plein succès. Cependant elle dispensera de

---

(1) « Jusqu'à présent on n'a appliqué les rames avec succès qu'aux seuls navires de bas-bords, » quoiqu'on ait senti combien il serait important de pouvoir les appliquer aussi, dans certains cas, aux » vaisseaux proprement dits. La hauteur de ces derniers a rendu inutiles les différentes tentatives » qu'on a faites de tems en tems pour tâcher de leur procurer ce secours. On a principalement insisté » sur ce que les rames fussent tournantes comme les aubes des moulins à eau; mais comme on n'a » pu leur donner assez de vitesse, elles n'ont point eu d'effet ou n'en ont eu que très peu ». (BOUGUER, *Traité du Nav. fol.* 118. *Paris*, 1746).

faire rien de plus que signaler rapidement les autres dans un renvoi (1), tant elle va paraître suffisante pour fixer l'opinion à cet égard , et déposer en faveur de l'instrument nouveau !

Si on conçoit une embarcation quelconque mue par ces mêmes roues-à-rames , un peu

---

(1) Quoique l'on n'ait jamais perdu de vue que les défectuosités de toute nature, liées aux autres systèmes de navigation, constituent en grande partie les avantages attribués à la nageoire, circonstance qui, pour lui refuser un mérite intrinsèque et brillant, ne laisse pas d'expliquer clairement comme abondamment son utilité relative et, par suite, son utilité générale ; cependant il s'en faut de beaucoup que l'on ait apporté à l'examen des rames-tournantes le même soin et ce grand intérêt que l'on a mis à scruter la mécanique de la rame ordinaire. Aussi ne se fera-t-on pas fort de mettre en évidence tous les défauts qui contribuent à rendre si disproportionné le rapport entre la force qu'elles dépensent et le produit dynamique qu'elles donnent. L'on se contentera donc de dire qu'elles en laissent apercevoir pour le moins huit, lesquels ont été aussi couramment saisis qu'ils vont être indiqués.

1°. Elles sont malheureusement adhérentes au bâtiment, et font corps avec lui. C'est là une tache originelle à la fois immense et occulte, deux motifs qui ont déterminé plus haut à essayer d'en démontrer l'existence.

2°. Elles cherchent leur appui dans la plus grande vélocité des courans latéraux.

3°. Elles sont beaucoup trop rapprochées l'une de l'autre. (On parle des aubes et non des roues).

4°. Il faut continuellement un double effort pour plonger chacune d'elles dans l'eau et l'en retirer. Ce double effort, l'un d'immersion qui tend à soulever le bateau , et l'autre d'émersion qui, au contraire, tend à l'enfoncer , ne profite en rien à la marche; il absorbe très gratuitement environ un tiers de la force mouvante, et a lieu pour les deux roues, 1760 fois par minute. Ce nombre de 1760 palades, autrement de 3520 tant immersions qu'émersions exécutées en une minute, pourrait causer quelque surprise. Il sera trouvé juste si, comme il est consigné dans la bibliothèque britannique, année 1815, chaque roue porte 16 rames, a un diamètre de 11 pieds, et si la vitesse de sa circonférence est de 20 milles ($6\frac{2}{3}$ lieues) à l'heure.

5° Décrivant un arc quelconque dans l'eau, elles perdent toute la différence qui existe entre lui et sa corde.

6°. Elles frappent toujours l'eau en lui opposant des surfaces obliques , à moins qu'on ne veuille avoir égard à un instant extrêmement fugitif, celui où, arrivées au milieu de la courbe qu'elles y parcourent, elles ont aussitôt perdu que pris une situation verticale.

7°. La modique surface de chacune d'elles permet à une trop grande quantité de liquide de se soustraire à l'appui qu'elles cherchent et poursuivent plutôt qu'elles parviennent à le rencontrer.

8°. C'est beaucoup trop près de la surface de l'eau qu'elles quêtent cet appui.

Ici l'on s'abstient de parler de trois autres défauts non moins frappans. Les indiquer serait les corriger : du reste, il est vraisemblable que déjà ils ont été observés et annullés. Dans tous les cas, l'on a garde de s'immiscer, même indirectement, dans la tâche que se sont honorablement imposée les Héritiers de l'énergique industrie de FULTON.

Cependant les raisons citées, et surtout parce qu'il devient très évident que la première seule équivaut, et au-delà, à la somme des sept autres, quoique déjà si puissantes et par leur poids et par leur nombre, expliqueraient assez combien l'aube-rame est plus défectueuse que la rame même, si l'expérience, chaque fois qu'elle a été interrogée, n'avait pas répondu en faveur de celle-ci. Donc la nageoire, quel que soit son moteur, ou à moteur égal, conserve sur les rames-tournantes, *au moins*, cet avantage absolu qu'elle a sur les rames ordinaires, etc.

d'attention suffit pour se convaincre qu'elles ont à la fois deux mouvemens bien distincts, l'un de rotation au moyen duquel elles prennent leur appui dans l'eau la repoussant en arrière, et l'autre par lequel elles sont, conjointement avec le bâtiment dont elles font partie, portées en avant refoulant l'eau devant elles. Or, par ce dernier mouvement progressif, ou transport horisontal, elles ne peuvent qu'augmenter la résistance éprouvée par la proue de toute la résistance qu'elles éprouvent elles-mêmes en raison de leurs surfaces exposées antérieurement au choc du fluide, et certes ce n'est point là un modique obstacle.

En effet, on peut se figurer un instant que deux roues, de l'espèce dont il s'agit, sont employées à mouvoir une galère semblable à celle qu'on nommait *sensile* ou *ordinaire*. On sait qu'elle portait 52 rames dont les pales, longues de 5 pieds et larges de 6 pouces, avaient par conséquent l'étendue de $2\frac{1}{2}$ pieds chacune, et pour surface totale 130 pieds. D'un autre côté, sa proue, suivant Bouguer, (*Traité du Nav. fol.* 116), en raison des surfaces obliques qu'elle présentait au choc de l'eau, n'éprouvait pas plus de résistance qu'une surface plane de 10 pieds carrés.

Cela posé, que ces deux roues à grandes pales aient dans la plus grande projection verticale des parties seulement qu'elles tiennent à la fois plongées dans l'eau, une surface égale à la somme des petites surfaces reconnues être celles des pales de 52 rames, c'est-à-dire, 130 pieds carrés : dans cette hypothèse les surfaces, qui, comme planes, devraient opérer le déplacement de l'eau en avant, seraient de 140 pieds carrés, y comprise celle de la proue, c'est-à-dire 14 fois aussi étendues que cette dernière seule, ou 14 fois aussi *résistantes*, chose non moins évidente que monstrueuse. Maintenant que l'on réduise, si l'on veut, ces 130 pieds carrés presque au quart, ou à 40, c'est-à-dire, que ces mêmes roues, dans leurs parties baignées, ne présentent, chacune (si ce n'est pas trop peu pour un bâtiment tel qu'une galère), que la surface plane de 8 pales de rames, autrement 20 pieds carrés : dans ce cas la résistance de la part du fluide sera encore quintuple en comptant celle causée par la proue, etc.

Telle est donc la différence absolue qui existe entre la roue-à-rames comme captive et fixée et la nageoire comme détachée et courante, que la première, suivant qu'on voudrait que son appui pris postérieurement devînt plus ou moins puissant, pourrait avoir à lutter contre une résistance antérieure égale à celle de 5, de 10 ou de 15 proues; tandis que la dernière aurait aisément, en surface plane, la somme des surfaces de 52 pales à la fois et même d'un plus grand nombre, sans que pour autant elle ajoutât le moins du monde à la résistance que devrait naturellement éprouver la proue de la même galère à laquelle, à son tour, on la concevrait adaptée. Car il est clair que la rame nouvelle n'est point tenue de suivre le bâtiment et que c'est pour ce, qu'elle passe rapidement de la proue à la poupe, ou plutôt qu'elle force le navire à faire le chemin inverse, n'éprouvant elle-même d'autre résistance que celle qui compose et affermit en arrière ses points d'appui et profite à la promptitude du sillage.

C'est donc, vraisemblablement, pour avoir méconnu jusqu'à l'existence même du défaut énorme et capital qui paralyse presque les roues à pales, que de nombreux Inventeurs, durant tout un siècle, les ont successivement reproduites, pour voir aussitôt leurs calculs faussés par l'expérience. Pourtant elles n'ont jamais laissé le bateau immobile et ont dû fournir un résultat quelconque. L'on est donc parvenu en Amérique, en continuant de leur appliquer la machine à feu, et en le faisant avec tout l'ascendant du génie qui peut, parce qu'il veut, à donner une bonne et utile vîtesse à de modiques bâtimens construits exprès. Mais si l'on doit des éloges à Fulton pour avoir persisté et enfin obtenu, d'abord sur la Seine et ensuite sur quelques Rivières de son pays, des avantages réels dans un système de Navigation qui a séduit, occupé et découragé tant de personnes habiles, et qui, surtout, portait en lui-même son propre obstacle, on est fondé à conclure que ces avantages eux-mêmes, quelque méritans et éclatans qu'ils paraissent, sont dus principalement, on dirait presque, uniquement, à la puissance du moteur qui, quintuple ou décuple de ce qu'elle devrait être, compense à l'insu de la multitude tout le vice physique de l'instrument qui tient lieu de rames.

Bateaux et
batimens plats. Un autre cas où la nageoire peut être mise sur les côtés d'un bâtiment, percés ou non, est celui où ce dernier, avec un fond totalement plat, a, en outre, sa proue formée d'un seul plan incliné en avant, deux choses qui réunies contraignent toute, ou presque toute l'eau qu'il déplace, à se précipiter et passer sous lui. Alors la nouvelle rame, sans cesser de ressembler à celle qui pourrait agir sous la carène d'une frégate légère, n'a pourtant, ainsi qu'il est naturel d'en faire la remarque, qu'un succès dépendant de la place qu'elle occupe, et encore de la forme de cette espèce de vaisseau de charge, qui, comme on le sait, n'est pas la plus propre à la marche.

Enfin, selon que l'eau offrirait moins ou plus de profondeur, deux nageoires agiraient sur chaque flanc de la carène, ou un bien plus grand nombre sous son fond, si jamais on jugeait à propos de recourir à une de leurs meilleures applications, à celle d'imprimer le mouvement aux plus énormes bateaux plats possibles que comporterait la mer, et que l'on destinerait à franchir, par exemple, en 24 heures, un espace qui, suivant le nombre des Rameurs admis, serait de 5o, ou 10o, ou même 15o lieues, pour être jetés ensuite sur une plage quelconque, et là laissés à sec par la marée se retirant; et c'est ainsi qu'on ferait revivre « ces navires immenses et presque impérissables qui tiraient leur origine du radeau » et avec lesquels les Anciens exécutaient les manœuvres les plus hardies.... qui contenaient » quelquefois une si prodigieuse quantité de Rameurs, que, s'ils avaient été tous Soldats, » vingt de ces navires auraient, dans un court trajet, transporté avec célérité une armée » aussi nombreuse que les nôtres. » (*Marine des Anciens Peuples, fol.* 8).

Si les Anciens, au moyen de leurs rames, ont pu faire tout autant, que ne doit-on pas se promettre avec le secours du nouvel instrument qui, en un si beau cas, trouverait un emploi où tout se montrerait favorable et prodigué à sa plus grande action, et où le nombre des Rameurs prodigieusement multipliés se compterait par celui des Guerriers? Ce serait alors que la puissance de la nageoire cesserait d'avoir quelque rapport avec celle de la rame ancienne et même celle de la voile. Certainement les connaissances modernes sont bien suffisantes pour perfectionner ces grandes embarcations en les rapprochant plus ou moins de la nature du radeau. C'est aussi vers cet objet important qu'on a, opiniâtrement et à plusieurs reprises, tendu toute l'attention dont on était capable; et c'est dans ce sens qu'il reste à parler d'un bateau ou bâtiment plat quelconque. Pour plus de simplicité on va supposer, un instant, que ses flancs ne sont pas inclinés en dehors, mais forment partout l'angle droit avec le fond.

Si le fond plat NN' MM' (*fig.* 38) a 5o pieds dans sa plus grande largeur MM', et 3oo de N en N', et s'il plonge dans l'eau de 8 pieds seulement, le port du navire, ou bateau plat, ou radeau, sera de 3 mille tonneaux.

Maintenant, pour peu que ses flancs s'inclinent en dehors, son port de 3 sera converti en celui de 4 mille.

Si le bâtiment s'achève sans trop s'écarter des règles ordinaires, et qu'on juge convenable de lui donner deux ponts et de n'y transporter que des Combattans, il sera susceptible d'en porter 6, 8 ou 10 mille, et pourra compter sous son fond 4, 8 ou 12, etc. nageoires.

C'est dans cet état qu'il se montrerait propre à toutes les expéditions qui ne demanderaient que quelques jours; mais il devrait ne compter que sur l'extrême promptitude de sa marche, et serait inhabile à rien exécuter sur la mer à force ouverte.

Il aurait donc pour objet l'invasion d'une côte ennemie, et nullement celui de combattre.

Cependant sa présence sur les flots deviendrait moins fugitive et plus imposante, si on ne regardait pas comme impraticable l'espèce de construction que l'on va ébaucher, laquelle toutefois ne doit être prise que comme une chose aperçue avec défiance dans un lointain magique et par-là même peut-être trop témérairement proposée, mais à laquelle surtout il manque encore deux grandes sanctions, celle du Gouvernement et celle de l'expérience.

Sur le fond plat exprimé par la même figure 38, on élève les deux flancs NMN' et NM'N' verticaux, ou mieux, un peu inclinés en dehors; on leur donne l'épaisseur de 3 pieds. Ils se composent de tronçons de chêne, etc. d'une longueur également de 3 pieds, et dont toutes les têtes réunies et nivelées forment les deux surfaces de toute la paroi.

La figure 39 représente un de ces tronçons AB. Il a, par exemple, 16 pouces de diamètre; mais il doit se composer de trois pièces exactement pareilles a, b, c, qui, réunies, sont traitées comme ne formant qu'un seul cylindre fretté vers son milieu d'un cercle de fer très fort LK.

Que l'on conçoive maintenant le même tronçon AB placé au milieu d'une multitude d'autres tous semblables (*fig.* 40)? que l'on se figure, pour un moment, que son cercle de fer, quoique situé au milieu de son corps, se laisse voir au niveau de sa tête? et enfin que sa tête, où aboutissent trois parties, soit désignée par a, b, c? On remarquera qu'il est entouré et pressé à la fois par six autres : 1, 2, 3, 4, 5 et 6, et qu'il livre ses trois divisions à trois autres cercles pareils au premier LK (*fig.* 39), qui embrassent eux-mêmes les divisions, ou fractions, les plus prochaines que leur présentent les six arbres ambians. C'est ainsi que chaque tronçon, considéré en particulier, se trouve uni à six autres, pour en recevoir et leur prêter un mutuel appui. La figure 40 donne toute cette disposition et laisse voir, avec les têtes d'arbres, une sorte de barrière de fer double et composée de cerceaux, que l'on doit concevoir placée, non pas à la surface, mais enfoncée, comme il a été dit, vers le milieu de l'épaisseur de la paroi, ou, ce qui n'est pas différent, jusqu'à l'endroit marqué LK (*fig.* 39). Elle comprend donc deux couches superposées de cercles dont le nombre total est précisément double de celui des tronçons.

Tous les vides ensuite reçoivent d'assez longs et gros coins de bois forcés, qui sont coupés proprement à fleur des surfaces, de telle manière que cette sorte de bordage devient, dans toutes ses parties, aussi serré et compacte, au moins, que la densité naturelle du bois dont il pourrait se composer.

Des arbres, en outre, aussi longs que le navire est large, le traversent de babord à stribord. Leurs extrémités, traitées comme tronçons, sont enfoncées dans les deux fortes parois, dont elles font partie, pour se terminer à leur surface. Ils sont d'ailleurs multipliés autant que l'exigent et l'entière solidité de tout le bâtiment, et l'assiette de tous ses étages dont ils forment les poutres ou baux.

Enfin, l'art du Constructeur consolidera cet épais bordage, qui sans doute n'a pas besoin d'être étayé par des varangues, en donnant à toutes ses tranches horisontales de la poupe à la proue, le renflement le plus avantageux et tel qu'il ne se trouve jamais interrompu ou confondu avec la ligne droite.

Un tel bordage, espèce de haie insignifiante et foible sous le rapport isolé du bois, fragile encore et ridicule sous le rapport isolé du fer, mais absolument formidable par le mariage des deux matières, car le fer dans cette combinaison défend puissamment le bois, et le bois puissamment le fer, devrait son impénétrabilité au boulet : 1°. à ce qu'il ne présenterait à celui-ci que des têtes d'arbres dont la matière, dans ce sens, est extrêmement pénible à refouler : 2°. à ce que le boulet, parvenant aux cercles, déjà embarrassé et entravé par le bois qu'il chasserait devant lui, serait tenu, pour passer au milieu d'eux, de les agrandir considérablement, ce qu'il ne pourrait opérer qu'avec un effort incalculable, puisque les cercles, outre qu'ils résisteraient intrinsèquement à une extension aussi extraordinaire et subite, trouveraient encore, engagés fortement dans la masse, autant d'appuis que toutes leurs surfaces compteraient de points : 3°. à ce que la masse énorme et compacte du bâtiment aurait eu le tems d'absorber et de détruire toute la quantité de mouvement, ou l'action entière du projectile : 4°. à ce que ce dernier, s'il lui restait encore quelque action après avoir franchi, étendu ou rompu les cercles, rencontrerait de plus, immédiatement après eux, la même somme de résistance qu'il aurait d'abord éprouvée pour y parvenir : 5°. à ce que mille accidens naturels, ainsi que la moindre obliquité, le détournant tant soit peu, lui feraient parcourir une fausse route.

Il ne serait donc pas vraisemblable que le boulet pût vaincre des obstacles qui se montrent aussi réels que puissans. Au reste l'on ne perdrait pas de vue qu'on demeurerait dans tous les cas le maître de rendre les cercles plus forts, d'en augmenter le nombre, de leur assigner la meilleure place qu'indiquerait l'expérience, de donner aux tronçons une longueur et un diamètre plus convenables, etc., etc.

A ces raisons principales et de nature à commander la confiance et l'encouragement, si l'on ajoute que ce genre de construction, que seconde si bien la suppression des voiles, existerait au grand détriment de tout ce qui est actuellement vaisseau de guerre, on aura pour le perfectionner et le produire en mer, les motifs les plus pressans, légitimes et importans qui furent jamais, et il sera permis de dire dans cette attente plus ou moins bien fondée, mais tout-à-fait séduisante, qu'un semblable bâtiment plat, s'il était de bas bord, ponté, absolument clos ou non, et armé d'un éperon proportionné à son volume, s'ouvrirait partout un chemin, parviendrait opiniâtrement et avec une célérité, jusqu'ici inconnue, à sa destination, et là même laissé à sec sur le rivage, servirait encore, dans l'occasion, de retranchement momentanément inexpugnable; et s'il était de haut bord, portant 3 mille Soldats alternativement Rameurs, et même un nombre moindre, il pourrait, sans tirer un coup de canon et épuisant les vains projectiles de l'ennemi, faire à propos l'assaut facile de tout vaisseau rencontré, et se trouver, après le combat, aussi intact que sa prise même, si toutefois il avait épargné à celle-ci le coup fatal de son éperon; de son éperon, dit-on, qui ressemblant à celui dont on a parlé page 25, et qui à la fois énorme et aigu, renfermerait en lui une pièce d'artifice telle que, faisant explosion dans le corps même du Navire attaqué, elle devrait ouvrir sa carène de toutes parts, ou l'anéantir, s'il n'entendait pas se rendre.

Quelques bâtimens de cette nature, que rendraient formidables et leur grandeur, et leur forme, et leurs flancs à l'épreuve ou presque à l'épreuve du boulet, et la suppression des mâts, voiles, etc. et la nouvelle rame qui, se trouvant elle et son moteur à l'abri de toute atteinte, aurait un de ses meilleurs emplois, et leur *rostrum* fulminant une fois introduit dans la carène de l'adversaire, et leur Chiourme toute militaire que formerait tour-à-tour le tiers, le quart ou le cinquième des Combattans portés à leurs bords, et la vélocité de leur marche indépendante du caprice des vents, et la modicité même, ou le petit embarras, de leur artillerie réduite à quelques canons tout au plus nécessaires, suffiraient pour faire respecter leur pavillon à tous les vaisseaux de guerre qui couvrent aujourd'hui la mer, ou la leur interdire avec cet excès d'avantage, de force, de puissance et de majesté qu'avait le Vaisseau de ligne lorsqu'il fit autrefois dépécer la galère.

FIN.